Knaur.

Knaur.

Der Autor:
Martin Wehrle war selber Chef, ehe seine Erfolgsstory als Karrierecoach begann. Heute berät er Mitarbeiter aller DAX-Konzerne und gehört zu den meistzitierten Karriereexperten in Deutschland. Seine Bücher wurden in sieben Sprachen übersetzt und haben rund um den Globus begeisterte Leser gefunden.
An seiner Hamburger Karriereberater-Akademie leitet Martin Wehrle mit großem Erfolg die erste Ausbildung zum Karrierecoach im deutschsprachigen Raum. Dieser Kurs wendet sich an Trainer, Coachs und Berufserfahrene, die ihr Karrierewissen vertiefen und weitervermitteln wollen. Ein Modul befasst sich speziell mit der Konfliktklärung zwischen Mitarbeitern und Chefs. Die Ausbildung öffnet den Teilnehmern ein Geschäftsfeld mit Zukunft, denn »die Nachfrage nach professionellen Karriereberatern nimmt stetig zu« (*Manager Magazin*).
www.karriereberater-akademie.de
www.gehaltscoach.de

Martin Wehrle

Das Chefhasser-Buch

Ein Insider rechnet ab

Knaur Taschenbuch Verlag

Besuchen Sie uns im Internet:
www.knaur.de

Originalausgabe Juli 2009
Knaur Taschenbuch.
Copyright © 2009 by Knaur Taschenbuch
Ein Unternehmen der Droemerschen Verlagsanstalt
Th. Knaur Nachf. GmbH & Co. KG, München.
Alle Rechte vorbehalten. Das Werk darf – auch teilweise – nur
mit Genehmigung des Verlags wiedergegeben werden.
Umschlaggestaltung: ZERO Werbeagentur, München
Umschlagillustration: Susanne Kracht
Satz: Daniela Nikel, Stockdorf
Druck und Bindung: Norhaven A/S
Printed in Denmark
ISBN 978-3-426-78161-6

5 4 3 2 1

Inhalt

Führer befiehl – keiner folgt dir! 9

1. Immer Ärger mit dem Chef 12
   Oben der Himmel, unten die Hölle. 12
   Blendende Sprüche 16
   Arsen des Alltags 20
   Dr. Jekyll und Mr. Hyde 23
   Taub, tauber – Chef! 26
   »Werten Sie mein Schweigen als Lob!« 29

2. Vom Fachidioten zum Chefchaoten 32
   Ein Meister fällt vom Himmel 32
   Was Affen und Chefs verbindet 36
   Kapitän Einbein 39
   Das Gruselkabinett der Aufsteiger 41
   Bekenntnisse eines Hochstaplers 47

3. Hier ist was faul: der Mitarbeiter 53
   Der Chef und die Detektive 53
   Piepshow für Mitarbeiter 57
   Der Para-Neuchef 60
   Die Legende vom Stehcafé 64
   Bildungs-Würger 67

4. Um Schlips und Kragen reden 70
   Wenn der Chef in Rätseln spricht 70

Das jüngste Gerücht 73
Zusammenstoß beim Mail-Verkehr 76
Irrlichter der Rhetorik 79
Die Ritter der Schwafelrunde 82
Kaiser ohne Kleider 85

5. Blindschleichen in Führung 89
Schreckliche Vorbilder 89
Rollenspiele und Führungsstile 93
Besoffen vom Ziel-Wasser 96
Der Unerreichbare 100
Auf die Schwächen mit Gebrüll! 103
Wer hat's verbockt? 106

6. Clown im Motivationszirkus 110
Der Schlafwagen-Schaffner 110
Motivation auf Rezept. 114
Provision als Hohn 117
Die Pferdewette 120
Der Pyramiden-Irrtum 123
Von Lob und ähnlichem Gift 126

7. Lügen ist Chefsache 130
Die zehn größten Cheflügen 130
Lüge 1: »Nach dem neuen Gehaltsmodell
verdienen Sie mehr.« 131
Lüge 2: »Ihr Arbeitsplatz ist sicher
(erst recht nach der Fusion).« 132
Lüge 3: »Bleiben Sie zu Hause,
wenn Sie krank sind.« 133
Lüge 4: »Niemand zwingt Sie zu Überstunden.« 135

Lüge 5: »Bei der nächsten Beförderung
sind Sie dran.« 136
Lüge 6: »Durch Teamarbeit
kommen Sie vorwärts.« 137
Lüge 7: »Als Frau haben Sie dieselben Chancen.« . . . 138
Lüge 8: »Die Mitarbeiter sind
das Kapital der Firma.« 139
Lüge 9: »Ich erwarte Offenheit von Ihnen.« 140
Lüge 10: »Die Firma schreibt rote Zahlen.« 142

8. Die Gehaltsdrückerkolonne 144
   Von Müll und Geld 144
   Der schiefe Gehaltsturm 147
   Tagelöhner ohne Tagelohn 150
   Die Abwehrmanöver – oder:
   »Wir geben nichts!« 153
   »H« wie Heuchler 159

9. Gebrüder Schlimm auf Bewerberjagd 163
   Vorfahrt für Vettern 163
   Wunschkonzert 166
   Das Märchen vom Traumjob 170
   Hans sucht Hänschen 173
   Die Quasselbude 176
   Fallensteller und Beute 178
   Der doppelte Fragenboden 181

10. Hier mobbt der Chef persönlich 185
    Ab in die Besenkammer! 185
    Die Schöne und das Biest 190
    Wir ekeln dich raus! 193

Die bestellte Klassenkeile 196
Chef frisst Chef 200

11. Wie man Bomben und Chefs entschärft 206
    Explosion verhindern 206
    1. Opfer sein? Aber nein! 207
    2. Wünsche wirken Wunder 209
    3. Ihr Chef ist Egoist – helfen Sie ihm! 211
    4. Sich Rückmeldungen angeln 212
    5. Zuhören statt abwinken 214
    6. Kein Spiel ohne Grenzen 216
    7. Chef-Wahl statt Chef-Qual 218

12. Offener Brief an Chefs 220
    Lieber Chef … 220

Führer befiehl – keiner folgt dir!

Chefs prahlen gern. Am liebsten damit, wie viele Mitarbeiter sie »unter sich« haben. Unter sich! Das klingt nach Catchen: oben der Chef, brutal und mächtig; unten die Mitarbeiter, gewürgt und gequetscht. Oder sollten wir besser von »Hierarchie« sprechen? Aber was heißt Hierarchie anderes als »Hackordnung«? Und was heißt Hackordnung anderes, als dass Chefs auf ihren Mitarbeitern herumhacken dürfen?
Es bleibt dabei: Chefs sind mächtig, weil sie Mitarbeiter haben. Und Mitarbeiter sind ohnmächtig, weil sie Chefs haben.

Die Abgründe im Büro: Dieses Buch enthüllt die Torheit der Führenden. Als Ex-Chef und Karriereberater habe ich in die Abgründe der deutschen Büros geblickt. Hunderte von Gesprächen führte ich mit wutschnaubenden Klienten, die Eide darauf schworen, ihren Chef bei nächster Gelegenheit zu erwürgen. Manchmal fiel es mir schwer, davon abzuraten.
Da ist der schmierige Geschäftsführer eines Verbandes, der seiner jungen Referentin eindeutige Vorschläge macht, durch welche »Dienste« sich ihre Karriere beschleunigen ließe. Da ist der Trainingsleiter eines Pharmakonzerns, ein großmäuliger Verkaufsveteran, der einem kreativen Mitarbeiter eine Falle stellt, um ihn aufs Karriere-Abstellgleis zu verbannen. Und da ist der Prokurist eines Bauunternehmens, der sich in einem Bürobunker ohne Türklinke vor dem schlimmsten Übel dieser Erde abgeschottet hat: seinen Mitarbeitern.
Die Rollen sind klar, aber ungerecht verteilt: Chefs spucken,

Mitarbeiter schlucken. Die Wut der An- und Abgestellten wächst. Aber ist »Chefhasser«, das Titelwort, nicht doch zu starker Tobak? Eine Umfrage des Münchener geva-Instituts ergab: Neun von zehn Mitarbeitern schätzen ihren Vorgesetzten als »schwierig« ein; jeder Fünfte »hasst« ihn.

Dieses Buch wird darauf, ob jemand seinen Chef hasst, etwa so viel Einfluss haben wie der Hochwasserbericht auf den Pegel des Hochwassers. Hier soll kein Hass geschürt, hier soll ein Verhältnis bilanziert werden: Wie hoch hat sich der Frust der Mitarbeiter gestaut? Wie viel Arbeitsfreude ist schon ertrunken? Welche Führungsfehler tragen zu dieser emotionalen Überschwemmung bei, und was lässt sich dagegen tun?

Natürlich wäre es töricht, die ganze Cheffamilie in einen Sack zu stecken. Ich kenne wunderbare Führungskräfte mit sozialer Kompetenz, die viele Mitarbeiter hinter, aber keine unter sich haben. Sie genießen meine Hochachtung und dürfen dieses Buch als Ansporn für ihre Arbeit sehen: Alle abschreckenden Beispiele machen auch deutlich, wie wertvoll ein Chef mit Charakter ist. Und dass wir mehr von ihnen brauchen!

Die Brüllaffen: Denn Mitarbeiter erleben die Arbeitswelt oft aus der Froschperspektive, so klein werden sie gemacht von Chefs, die nicht führen, sondern sich nur aufführen. Diese Chef-Darsteller toben, statt zu loben; kontrollieren, statt zu vertrauen; und jeder Zoo würde sie sofort als Brüllaffen aufnehmen. Darf es da wundern, dass die Motivation der Mitarbeiter so schnell verschwunden ist wie eine Picknickgesellschaft beim Platzregen? Dass von zehn Arbeitnehmern nach einer Studie der Unternehmensberatung Gallup nur einer angibt, wirklich »engagiert« zu arbeiten? Müssen Mitarbeiter nicht verzweifeln, wenn sie einer führen darf, der kein bisschen führen kann?

Doch bis heute fehlt es an einer geregelten Ausbildung für Führungskräfte. Man macht Karriere, weil man Experte für Buchhaltung, Baumzucht oder Byzantinistik ist – aber nicht fürs Führen. Alles Mögliche lernen Chefs von der Pieke auf, nur nie den Umgang mit Mitarbeitern. Denn sie wissen nicht, was sie tun!

Die irre Führung: Mitarbeiter fühlen sich in die Irre, ja manchmal sogar *von Irren* geführt. Psychologen sagen: Nirgendwo in den Firmen sammeln sich so viele Psychopathen wie in der Führungsetage. Die Belegschaft hat keinen Einfluss darauf: Zwar darf jeder den Bundestag frei wählen, aber in der Firma hören Spaß und Demokratie auf – die *Vorgesetzten* werden einem wie zu Kaisers Zeiten *vor* die Nase *gesetzt*.
Was bleibt den Mitarbeitern? Heimliches Trotzen und Motzen! Eine Umfrage von *Stern-Online* ergab: Pro Woche lästert jeder von ihnen vier Stunden (!) über seinen Chef. In einem Betrieb mit tausend Mitarbeitern sind das viertausend Lästerstunden. Der Führer befiehlt – aber sobald er sich umdreht, folgt ihm keiner mehr.
In diesem Buch geht es um kleine und große Schwächen der Vorgesetzten, um Schlampigkeit und Schlechtigkeit, um Führungs- und Charaktermangel, um Ackermannschen Größenwahn und bürokratischen Kleingeist. Auch kriminelle Fälle, filmreife Mobbingintrigen und inszenierte Kündigungen werden ans Licht gebracht.
Manches werden Sie wiedererkennen. Im schlimmsten Fall: Ihren Chef!

PS: Rückmeldungen auf dieses Buch sind mir sehr willkommen. Bitte schreiben Sie mir über meine Homepage www.karriereberater-akademie.de.

1. Immer Ärger mit dem Chef

Der Alptraum eines Angestellten hat vier Buchstaben: CHEF. Die Arbeit vermiesen, die Karriere verbauen, den Respekt verweigern: All das kann ein unfähiger Vorgesetzter. Dann wird der Alltag zum Krawalltag, und die Arbeitslust geht vor die Hunde. In diesem Kapitel erfahren Sie unter anderem …

- welche DNA-Spur ein Motivationsmörder hinterlässt;
- warum Chefs zwei Ohren haben, um damit doch nicht zuzuhören;
- und was sich der Bereichsleiter einer Software-Firma leistet, dass ihn eine Mitarbeiterin heimlich »Dr. Jekyll und Mr. Hyde« nennt.

Oben der Himmel, unten die Hölle

Nun hatte sich der Abteilungsleiter Gero Braun[1], ein Endvierziger in Nadelstreifen, eine geschlagene Stunde über seine Mitarbeiter ausgeheult: wie faul, wie dumm, wie unzuverlässig sie doch seien. »Sobald ich mal einen Tag weg bin, bricht der ganze Laden zusammen«, sagte er am Ende. Nun sah er mich, den Karriereberater, mit einem um Zustimmung heischenden Blick an. Vielleicht hoffte er, dass ich »Sie Ärmster!«

---

[1] Alle Namen meiner Klienten habe ich in diesem Buch geändert. Die Fälle sind authentisch, aber so weit verfremdet oder verquickt, dass niemand bloßgestellt wird. Zitate gebe ich aus dem Gedächtnis oder sinngemäß nach den Erzählungen der Beteiligten wieder.

rufen und seine Klage unterstützen würde. Aber ich hatte eine andere Idee:

»Sie halten Ihre Mitarbeiter also für einen ziemlich unfähigen Haufen?«, fragte ich.

»Ja, das bringt es auf den Punkt.«

»Wie groß ist Ihre Abteilung?«

»Zwölf Mitarbeiter. Acht Männer, vier Frauen.«

»Wie viele dieser Mitarbeiter haben Sie selbst eingestellt?«

Mir war so, als würde ihn der Stolz ein paar Zentimeter auf seinem Stuhl wachsen lassen: »Alle zwölf. Ich bin schon seit fünfzehn Jahren der Chef, hab' die Abteilung selbst aufgebaut.«

»Dann haben Sie fünfzehn Jahre lang nur Versager um sich versammelt – warum eigentlich?«

Sein Mund öffnete und schloss sich tonlos. Wie bei einem Fisch im Aquarium. Er begann, auf seinem Stuhl hin und her zu rutschen.

»Aber wie kommen Sie … Ich habe doch nicht … Ich meine …«

Dann hatte er sich gesammelt: »Ich musste nehmen, was der Arbeitsmarkt hergab.«

»Also nur unfähige Bewerber?«, fragte ich. »Nur eine Sekretärin, die – wie Sie sagen – ›zu dumm zum Kaffeekochen‹ ist? Nur ein Stellvertreter, der – ich zitiere Sie – ›die Zügel aus der Hand gibt, sobald ich aus der Tür gehe‹? Und nur Fachleute, die – wieder Ihre Worte – ›sich brennend für die Fußballspiele am Wochenende, aber kein bisschen für die Arbeit und die Firma interessieren‹?«

Gero Brauns Unruhe steigerte sich. Er glitt von einer Stuhlseite zur anderen, als würde die Sitzfläche wie eine Herdplatte erhitzt.

Ich bohrte weiter: »Wer trägt die Personalverantwortung für diese Mitarbeiter?«
»Na ich«, rief er trotzig.
»Und heißt Personalverantwortung nicht auch, dass Sie verantwortlich für die Arbeitsleistung und die Arbeitseinstellung Ihrer Mitarbeiter sind? Vom Anheuern ganz zu schweigen.«
Wütend stampfte Braun mit seinem Lackschuh auf den Boden: »Worauf wollen Sie eigentlich hinaus? Soll ich etwa die Schuld an diesem ganzen Schlamassel tragen – und nicht meine Mitarbeiter?«
Endlich hatte er es begriffen! Vielen Chefs geht es wie diesem Abteilungsleiter: Oben in der Hierarchie sehen sie den Himmel, unten die Hölle. Aber über die Tatsache, dass sie selbst keine Engel sind, sehen sie selbstgefällig hinweg. Wenn Mitarbeiter keine Lust mehr auf ihre Arbeit haben – wie oft hat ihnen ein Chef diese Lust ausgetrieben! Wenn Mitarbeiter schlecht informiert sind – wie oft hat ihnen ein Chef das Wissen und die Fortbildungen verweigert! Wenn Mitarbeiter keine Initiative zeigen – wie oft hat ein Chef ihre früheren Ideen abgeschmettert!
Die Stimmung, die Motivation, die Arbeitsleistung der Mitarbeiter: Sie sind nur ein Spiegel, in dem ein Chef seine eigene Führung sieht. Wer mit einem Finger auf seine Mitarbeiter zeigt, zeigt dabei mit drei Fingern auf sich selbst. Frei nach einer Feststellung des Börsengurus André Kostolany lässt sich sagen: Angestellte verarbeiten das von Chefs servierte Führungsfutter – »kommt Mist rein, kommt Mist raus«.
Welche Aufgabe hat eine Führungskraft? Gute Laune zu verbreiten, sagt der bekannte Psychologe Daniel Goleman. In seinem Buch *Emotionale Führung* schreibt er, Chefs sollten »in den Menschen, die sie führen, positive Gefühle wecken. (…)

Die wichtigste Aufgabe einer Führungskraft (...) liegt im Bereich der Emotionen.« Die Stimmung des Chefs ist wie ein Virus: Sie springt aufs ganze Team über, sorgt für Kummer- oder Lachfalten, je nachdem.

Verbreitet ein Chef schlechte Laune, kann das tödlich sein, sogar im wörtlichen Sinn: So ist in einer kardiologischen Station, wo das Personal Trübsal bläst, die Todesrate unter den Patienten viermal höher als in vergleichbaren Stationen, wo mehr gelacht wird! Und bei Versicherungen muss man laut Goleman nicht auf die Zahlen, sondern nur in die Gesichter der Mitarbeiter schauen, um die Geschäfte vorauszusagen: Je besser die Laune, desto größer der künftige Erfolg.

Ein guter Chef ist wie ein Gärtner: Er sorgt in seinem Gewächshaus für ein angenehmes Klima, er legt ein Beet an und setzt jeden Mitarbeiter dort ein, wo der am besten gedeiht. Jeder bekommt so viel Rückmeldung, so viel Fortbildung, so viel emotionalen Rückenwind, dass er wachsen kann.

Aber was passiert, wenn ein Chef *schlechte* Stimmung verbreitet, wenn er die Geschäftszahlen anbetet und seine Mitarbeiter verachtet: sie als Kostenstellen und Geldverschwender, als Faulpelze und Kaffeekränzchen-Könige bezeichnet? Dann ziehen seine Mitarbeiter die Köpfe ein, weil sie die Peitsche fürchten – wie sollen sie dann noch wachsen, diese Kleingemachten?

Stellen Sie sich vor, ein Gärtner würde auf den schlechten Zustand seiner Pflanzen schimpfen, ohne Rücksicht darauf, dass er sie nie gießt und täglich mit Gummistiefeln durchs Beet trampelt. Solche Gärtner gibt es nicht, sagen Sie? Solche Chefs gibt es sehr wohl!

Blendende Sprüche

Die meisten Chefs sagen kluge Dinge, besonders in Gegenwart von Mikrophonen. Drei Aussagen rangieren in der Beliebtheitsskala ganz oben:

- »Die Zufriedenheit des Kunden steht bei uns an erster Stelle. Wir wünschen uns Mitarbeiter, die alles tun, um diese Zufriedenheit zu steigern.«
- »Mitarbeiter tragen bei uns große Verantwortung. Wir wünschen uns, dass jeder denkt und handelt, als würde ihm das Unternehmen gehören.«
- »Das Wissen der Mitarbeiter ist das Kapital des Unternehmens. Jeder soll lebenslang zum Lernen und zur Fortbildung bereit sein.«

Große Chefreden verfehlen ihre Wirkung selten – wenn es zum Beispiel darum geht, Aktionäre zu blenden. Besuchen Sie mal eine Hauptversammlung; Hollywood ist nichts dagegen! Der Vorstandsvorsitzende, Hauptdarsteller und Regisseur in einem, kann sein Publikum förmlich in Hypnose reden. Jede Totenglocke, die eine Fusion begleitet, wird den ahnungslosen Aktionären zur Hochzeitsglocke schöngeredet.
Doch mit solchen Blendemanövern verhält es sich wie beim Autofahren: Andere kann man blenden – aber niemanden im eigenen Wagen! Die Mitarbeiter sind Beifahrer und können täglich prüfen: Geht die *gesprochene* Führungskultur mit der *gelebten* Hand in Hand? Streifen sich beide wenigstens? Oder fahren sie, wie zwei Schiffe im Nebel, aneinander vorbei?
Ein Blick in den Alltag zeigt, warum die Glaubwürdigkeit von Chefs oft so gering und der Frust ihrer Mitarbeiter so groß ist.

Liebe deinen Kunden!

Vor ein paar Jahren habe ich Britta Hensler (54) beraten, die stellvertretende Filialleiterin eines Elektrounternehmens. In den letzten Wochen waren immer mehr Beschwerden auf sie eingeprasselt. Eine Digitalkamera der Hausmarke erzürnte die Kunden. Ob Einschulung, Geburtstagsfeier oder Urlaubsreise – einmalige Momentaufnahmen stürzten über Nacht mit der Elektronik der Kamera ab. Ein Kunde war über den Verlust seiner Bilder so verärgert, dass er einen zusammen mit der Kamera gekauften Fernseher wieder zurückgab und so heftig auf den Tresen knallte, dass auch dieses Gerät zum Reklamationsfall wurde.

Die Luft brannte, und die Filialleiterin schlug Alarm. Doch in der Zentrale hielt man sich die Ohren zu. Mehrere Anrufe bei ihrem Chef führten zu nichts, mehrere Mails blieben unbeantwortet. In ihrer Not schrieb Frau Hensler einen Brief an den Generalbevollmächtigten, fasste Kundenbeschwerden zusammen und wies auf den Schaden für das Unternehmen hin. Ein kleines Wunder geschah: Sie wurde für ein Einzelgespräch in die Zentrale bestellt, allerdings vom Bezirksleiter. Seine Stimme klang schon bei der Begrüßung so kalt wie das Klirren von Eiswürfeln im Whiskeyglas. Sarkastisch begann er:

»Mal unter uns: Sind Sie für dieses Robin-Hood-Spiel nicht ein wenig zu alt, Frau Hensler?«

»Robin Hood?«

»Nun, Sie gefallen sich wohl in der Rolle der Kämpferin für die armen und unterdrückten Reklamierenden.«

»Es würde mir viel mehr gefallen, wenn die Kunden zufrieden wären.«

»Und mir würde es gefallen, wenn ich wüsste: Auf welcher Seite stehen Sie eigentlich, Frau Hensler?«

»Wie meinen Sie das?«
»Nun, in Ihrem Brief klingen Sie wie die juristische Vertreterin der Reklamierenden.«
»Aber, ich habe doch nur weitergegeben ...«
»Genau das ist das Problem! Sie machen sich nicht nur die fremde Argumentation, sondern auch die unverschämte Tonlage zu eigen. Schon mal was von kritischer Distanz gehört? Schon mal darüber nachgedacht, wer Ihnen jeden Monat das Gehalt überweist?«
Britta Hensler wies darauf hin, dass diese »Reklamierenden« wertvolle Kunden seien, teils seit Jahrzehnten. Und dass sie es seien, die dem Unternehmen seinen Gewinn brächten. Worauf ihr Chef konterte: »Vielleicht kennen Sie Ihre Kunden tatsächlich zu lang. Vielleicht täte Ihnen eine Versetzung in eine andere Stadt gut.« Die stellvertretende Filialleiterin verstand die Drohung – und belästigte ihre Vorgesetzten in der Zentrale nie wieder mit der Meinung ihrer Kunden.
Überhaupt: Kennen Sie ein Unternehmen, in dem die Kunden über das Schicksal der Mitarbeiter entscheiden; in dem die Kunden einstellen und entlassen, befördern oder Gehälter erhöhen dürfen? Nein, diese Macht haben nur die Chefs. De facto werden Mitarbeiter nicht an der Zufriedenheit ihrer Kunden gemessen – sondern an der ihres Vorgesetzten.

Handele wie ein Unternehmer!

Wer als Mitarbeiter eine wichtige Entscheidung fällen, also unternehmerisch handeln will, stößt schnell an die Grenzen der Hierarchie. Bezeichnend ist das Erlebnis von Elmar Eiger (38), dem Senior Consultant einer Münchener Unternehmensberatung. Er war damit beauftragt, einem Unternehmen der Baubranche ein Konzept für den Einstieg in den sozialen

Wohnungsbau vorzustellen. Die Präsentation lief ausgezeichnet. Der Baulöwe, ein hemdsärmliger Typ, der als Maurer begonnen hatte, machte aus seiner Begeisterung für das Konzept keinen Hehl. Nun wollte er, wie am Bau üblich, das Geschäft mit einem Handschlag abschließen.

Nur der Preis gefiel ihm noch nicht: Er forderte einen Nachlass von einem Drittel. Elmar Eiger wusste: Eine solche Preiskürzung war kein Problem, zumal der Auftrag einen neuen Kunden brachte und ein hohes sechsstelliges Volumen hatte. Aber der Berater war nicht bevollmächtigt, über Preise zu verhandeln, schon in der Vergangenheit hatte ihm sein Chef gesagt: »Übers Geld rede nur ich!«

Der Baulöwe wurde unruhig, als Elmar Eiger zum Handy griff. Und er wurde geradezu unwirsch, als er erfuhr, dass die Entscheidung über den Preisnachlass etwa sieben Tage dauern würde. Der Auftrag ging schließlich an die Konkurrenz. Nicht an der Bereitschaft zum »unternehmerischen Handeln« hatte es dem Mitarbeiter gefehlt – nur an der praktischen Möglichkeit!

Überhaupt: Wo behandeln Chefs ihre Mitarbeiter auch dann als »Unternehmer«, wenn es um die Verteilung der Unternehmensgewinne geht? So gerne sie sich sonst als Vorbild hinstellen, etwa beim Leisten von Überstunden, so schweigsam sind sie – die Aktien- und Bonuskönige! –, wenn es ums Geld geht.

Lerne dein ganzes Leben!

Die Außenhandelskauffrau Gaby Mettig (26) hatte lange mit sich gerungen: Sollte sie ihren Chef tatsächlich um einen Französischkurs bitten, obwohl sie mit dieser Sprache seit Schulzeit auf Kriegsfuß stand? Doch die Zahl der Kunden in

Frankreich nahm zu. Mit einigen konnte sie sich auf Englisch verständigen – andere sprachen ein Kauderwelsch, dessen französische Aussprache jede englische Vokabel bis zur Unkenntlichkeit entstellte. Immer wieder war es in den letzten Wochen zu Missverständnissen gekommen. Langsam graute ihr schon, wenn das Display mal wieder mit einem Anruf aus Frankreich drohte.

Also gab sich Gaby Mettig einen Ruck – und bekam von ihrem Chef prompt zu hören: »Ihre Sorgen möchte ich haben! Wir wissen vor lauter Arbeit weder ein noch aus; da wollen Sie auf Fortbildung?!« Den Hinweis auf die Probleme in der Verständigung schmetterte der Chef ab: »Wir leben in einer globalisierten Welt. Die Franzosen werden schon noch dahinterkommen, dass man ohne Englisch nichts wird.«

Überhaupt: Bedeutet »Fortbildung« für Mitarbeiter nicht oft, dass sie Nichtigkeiten mit der Haltbarkeit von Frischmilch lernen müssen, zum Beispiel ein neues Computerprogramm – während Chefs oft dafür, dass sie im Motivationsseminar über Scherben laufen dürfen, ein kleines Vermögen an Geld und Arbeitstagen verpulvern?

»Es ist des Lernens kein Ende«, hat der Komponist Robert Schumann geschrieben. »Das Lernen ist am Ende«, haben Chefs daraus gemacht; laut *Financial Times* nehmen nur 4 Prozent der Deutschen im Alter zwischen fünfundvierzig und vierundfünfzig Jahren an Weiterbildungen teil – in Schweden sind es 30 Prozent!

Arsen des Alltags

Wer sich aufmacht, den Stein des Anstoßes zu suchen, erlebt eine Überraschung: Er stößt auf einen ganzen *Steinbruch*, auf zahlreiche Unarten, mit denen Chefs ihre Mitarbeiter an den Rand des Wahnsinns treiben. Nur der Keim des Übels ist immer derselbe: Chefs verfügen über eine Macht, die nicht ihrer Person, sondern ihrer Position entspringt. Was sie zu Chefs erhebt, sind nicht ihr Charakter oder die Anerkennung durch Mitarbeiter; es ist ein Fetzen Papier: das Organigramm. Einer solchen Macht beugen sich Mitarbeiter nicht aus Einsicht, nur aus Vorsicht.

Etliche Chefs halten sich für Sonnenkönige wie Ludwig XIV., mit dem Motto: »Die Firma bin ich!« Aber was sind dann die Mitarbeiter? Nur ein lästiges Anhängsel? Das Wort »Chefsache« spricht Bände: Was wichtig ist, darüber entscheiden Chefs. Was nichtig ist, landet auf dem Tisch der Mitarbeiter. Immer noch gilt der Satz des Autopioniers Henry Ford: »Weil Denken die schwerste Arbeit ist, die es gibt, beschäftigen sich auch nur wenige damit.« Er meinte die heldenhaften Chefs! Als hätten seine Fließbänder, als hätte der Taylorismus mit seinen engen Vorgaben den Mitarbeitern überhaupt Raum zum Denken gelassen! Genauso gut könnte man einem Hering in der Dose vorwerfen, dass er dort nicht seinen Freischwimmer macht.

Seit 1913, als Ford seine erste Fließbandfabrik eröffnete, hat sich in den Köpfen der Führenden erschreckend wenig verändert. Wer bei Pausengesprächen in Managerseminaren die Ohren spitzt, bekommt Erstaunliches zu hören. Da liefern sich Chefs bühnenreife Renommierduelle, wer von ihnen denn nun die meisten Mails pro Tag bekommt, den vollsten Terminkalender bewältigt und nach dem Urlaub die höchsten Aktenberge abträgt. Jeder will unentbehrlich, will der Kopf sein. Der Mitarbeiter? Kopflos!

Doch die Prahlhänse übersehen: Die Arbeitsberge verraten

nicht, wie wichtig, sondern nur, wie unfähig zum Delegieren einer ist. Die Mitarbeiter könnten zahllose Aufgaben genauso gut verrichten. Wenn man sie ließe! Denn wer weiß, wie das Geld wirklich verdient wird? Wer steht täglich im Verkaufsraum, sitzt hinterm Schalter, fährt mit einem Produktkoffer durchs Land? Wer setzt die Wünsche der Kunden um, wenn konstruiert und produziert wird? Der typische Kunde bleibt seiner Bank nicht deshalb treu, weil die Zinsen vorteilhaft sind oder der Vorstandsvorsitzende das Victory-Zeichen so schön beherrscht – sondern weil er sich bei seinem persönlichen Betreuer, einem Mitarbeiter, gut aufgehoben fühlt.

Der Chef ist in der Rolle des Fußballtrainers. Er steht am Spielfeldrand, kann die Mannschaft aufstellen, taktisch einstellen und trainieren. Aber Tore selber schießen, das kann er nicht – er ist angewiesen auf seine Spieler. Ein Chef, der seine Mitarbeiter als Statisten sieht, leidet an einer Krankheit, die unter Managern so verbreitet ist wie Milchzahn-Ausfall unter Schulkindern: unter Größenwahn.

Mitarbeiter sind eben kein Anhängsel der Firmen, im Gegenteil: Wie die Bürger der DDR 1989 skandierten »Wir sind das Volk!«, so könnten die Mitarbeiter eines jeden Unternehmens skandieren: »Wir sind die Firma!« Doch wäre die Chefetage einsichtiger als einst das Politbüro?

Immer öfter regiert der Rotstift, immer öfter fegen Chefs mit dem Entlassungsbesen durch Büros und Werkshallen, kehren Mitarbeiter auf die Straße und wirbeln dabei viel Staub für die Börse auf: Hauptsache, der Aktienkurs steigt. Nur ein gestrichener Mitarbeiter ist ein guter Mitarbeiter!

Eine Milchmädchenrechnung, wie der 2005 verstorbene Managementguru Peter Drucker den Chefs unaufhörlich ins Stammbuch schrieb: Er plädierte dafür, Mitarbeiter in der

Bilanz nicht auf der Passiv-, sondern auf der Aktivseite aufzuführen: als größtes Kapital der Unternehmen in Zeiten der Wissensgesellschaft. Erfolgreich ist heute nicht mehr jene Firma, die zufällig eine Produktionshalle besitzt (wie zu Zeiten der Industrialisierung); erfolgreich ist, wer das Wissen und die Motivation der Mitarbeiter am besten erschließt.

Aber in der Praxis sind die Angestellten oft Zaungäste im eigenen Haus. Dass die Firma verkauft, ein Geschäftsmodell verändert oder ein Produkt vom Markt genommen werden soll: Sie erfahren es als Letzte. Jeder Journalist auf der Pressekonferenz hört mehr über die Zukunftspläne des Unternehmens und kann eher kritisch nachfragen als die eigenen Mitarbeiter.

Am Schwarzen Brett der Frankfurter Börse hing eines Tages ein hämischer Chefkommentar: »Wenige Mitarbeiter sorgen dafür, dass etwas geschieht, viele Mitarbeiter sorgen dafür, dass nichts geschieht, viele Mitarbeiter sehen zu, wie etwas geschieht, und die überwältigende Mehrheit hat keine Ahnung, was überhaupt geschehen ist.« So sieht die DNA-Spur eines Motivationsmörders aus!

Das Arsen des Alltags, diese tägliche Geringschätzung durch selbstgefällige Chefs, lähmt die Arbeitslust. Und mancher Mitarbeiter tritt eine lange Reise an, deren letzter Bahnhof vor Menschen überquillt: die Reise in die innere Kündigung.

Dr. Jekyll und Mr. Hyde

Er war die Freundlichkeit in Person, der Bereichsleiter eines süddeutschen Medienunternehmens. Beim Geschäftsessen konnte Bruno Storm (48) eine Tischgesellschaft mit seinen Anekdoten bis ins Morgengrauen unterhalten, charmant und wortgewandt. Gegenüber Geschäftspartnerinnen trat er mit ausgewählter Höflichkeit auf, Handkuss inklusive. Und mit männlichen Kunden ging er so jovial um, dass man ihn spätestens nach zehn Minuten für einen alten Kumpel hielt. Er trug schwarze Zweireiher, Fliege und Manschettenknöpfe. Er galt als Gentleman.

Aber nicht bei allen! Hatte Storm es mit seinen eigenen Mitarbeitern zu tun, schüttelte er seine Manieren ab wie ein nasser Hund das Wasser. Seine Mitarbeiterin Elvira Noll (31), die ihn oft auf Geschäftsessen begleitete, beschrieb ihn als Mann mit zwei Gesichtern: »Beim Repräsentieren ist er Dr. Jekyll, der perfekte Gentleman. Aber in seiner Abteilung lässt er den Mr. Hyde raus, ist unhöflich und rücksichtslos.«

Diese schlechten Manieren waren im Alltag nicht zu übersehen. So hatte Storm die Wörtchen »danke« und »bitte« konsequent aus seinem Wortschatz gestrichen. Sein Ton klang nach Kasernenhof: »Besorgen Sie mir diese Informationen!« Und wenn der Angesprochene nicht sprang, wurde er angebellt: »Wird's bald!«

Nicht einmal einen Gruß waren ihm seine Leute wert. Er schneite ins Büro mit einem mürrischen Gesicht und mit dem schnellen Schritt eines Mannes, der sich um Wichtigeres als seine Mitarbeiter zu kümmern hatte. Gleichzeitig erwartete er von jedem, den er selbst links liegenließ, höflichst gegrüßt zu werden.

Das wurde deutlich, als ihm ein neuer Auszubildender einmal das »Guten Morgen!« verweigerte. Zur Rede gestellt, antwortete der: »Aber Sie sind doch reingekommen und haben nichts gesagt.« Darauf der Bereichsleiter so laut, dass es durch die Wände des Nachbarbüros zu hören war: »Sie haben eines noch nicht kapiert, junger Mann: *Ich* bin Ihr *Chef*!«

Den Cheftitel wertete er als Freibrief, alle Launen an den Mitarbeitern abzureagieren. So war bekannt, dass er an jedem Mittwoch, wenn er gegen 16 Uhr aus der Geschäftsleitungssitzung kam, als Pulverfass über den Flur rollte. Zwei Stunden lang hatte er sich zusammengenommen, »bitte« und »danke« gesagt und Kritik von seinem Geschäftsführer geschluckt. Zwei Stunden lang hatte er nach oben gebuckelt – jetzt musste er nach unten treten!

Der erste Mitarbeiter, der ihm über den Weg lief, musste mit einem Frontalangriff rechnen. Einmal traf es Elvira Noll, die sich gerade, den Mantel schon in der Hand, auf den Heimweg machen wollte. Ihr Chef sah sie kopfschüttelnd an, als hätte er sie beim Griff in die Firmenkasse erwischt: »Darf ich fragen, warum Sie eigentlich noch zur Arbeit kommen?«

»Wie meinen Sie das?«

»Ich meine: Kaum sind Sie hier, machen Sie Mittagspause. Kaum sind Sie aus der Mittagspause, machen Sie Feierabend.«

»Aber ich bin heute doch schon um 7 Uhr gekommen.«

Seine Lautstärke steigerte sich von Windstärke 6 auf Orkan: »Es ist mir egal, wann Sie kommen! Aber Sie haben hier zu sein, wenn ich Sie brauche! Und ich brauche Sie jetzt!«

Natürlich musste sie bleiben. Und für ihren Chef eine Excel-Tabelle mit Lieferantenadressen erstellen. Keine dringende Arbeit – nur eine Schikane.

Dass der Vorgesetzte ihnen den Respekt versagt, darunter leiden viele Mitarbeiter. Welch ein Unterschied, ob man angesprochen oder angebrüllt wird; ob man eine Bitte oder einen Befehl hört; ob der Chef einen als »Frau Schneider«, nur als »Schneider« oder gar mit überhaupt keinem Namen anspricht, weil er ihn sich seit fünf Jahren einfach nicht merken will!

Wie wirken sich solche Rüpeleien auf die Mitarbeiter aus?

Endet der Einfluss des Chefs am Firmentor? Oder schwappt der Schlamm einer getrübten Beziehung zum Boss auch ins Privatleben eines Angestellten? Der amerikanische Verhaltensforscher Brad Gilbreath von der Indiana University in Fort Wayne hat diese Fragen in einer Studie beantwortet. Danach hängt das seelische Befinden eines Menschen fast ebenso sehr vom Chef wie vom privaten Lebenspartner ab. Diese Erkenntnis sorgte weltweit für Schlagzeilen. Plötzlich bekam der Scherz »Ich heirate einen Chef« einen sehr realen Beigeschmack.

Aber was war daran eigentlich überraschend? Weiß nicht jeder, der mit seinem Chef auf Kriegsfuß steht, dass ihn die Probleme bis in den Feierabend, ins Wochenende, ja bis ins Ehebett und in die Träume begleiten? Der Schriftsteller Martin Walser hat seinem Roman »Seelenarbeit«, der von einem schikanierten Chauffeur handelt, ein vielsagendes Motto mit auf den Weg gegeben: »Meine Figuren denken nachts an ihre Chefs, und sie wissen, dass ihre Chefs nicht an sie denken.«

Taub, tauber – Chef!

»Warum erfahre ich das erst jetzt?!« Der Geschäftsführer des Software-Herstellers war völlig aus dem Häuschen. Sein Kopf glühte vor lauter Aufregung.

»Aber ich habe Ihnen doch ...«, nahm der Software-Entwickler Jürgen Weidner (26) einen neuen Anlauf.

»Nichts haben Sie mir! Ich höre zum ersten Mal von den Schwierigkeiten. Und in drei Wochen ist unser Auslieferungstermin.«

»Aber ich habe Ihnen bereits vor zwei Monaten ...«

»Was haben Sie mir? Die Probleme verheimlicht haben Sie. Das ist alles.«
»Verheimlicht? Ich habe Ihnen doch dreimal ...«
»In drei Teufels Namen: Dass die Probleme so ernst sind, davon hab' ich nichts gewusst. Nicht ein Sterbenswörtchen!«
Der Entwickler war fassungslos. Vor ihm saß ein Wesen, das offenbar zwei Ohren hatte, um damit doch nicht zuzuhören. Jetzt genauso wenig wie in den vorangegangenen Gesprächen. Bereits vor Wochen hatte Weidner seinen Chef auf ernste Probleme mit der neuen Software und auf eine mögliche Verzögerung in der Produktion hingewiesen. Doch der Geschäftsführer verhielt sich während dieses Gespräches so, als würde ihn das alles nichts angehen: Er blätterte in Akten, zeichnete Briefe ab und kritzelte Notizen für seine Sekretärin. Ein Auge auf der Unterschriftenmappe, murmelte er schließlich abwesend: »Ja, ja, verstehe. Neuentwicklungen sind nie einfach. Sie kriegen das schon hin!«
Hatte er die Worte seines Mitarbeiters gehört? Vielleicht. Aber *zu*gehört und die Dramatik der Mitteilung verstanden, das hatte er offenbar nicht. Und jetzt, da das Kind in den Brunnen gefallen war, zweifelte er nicht an seinen Fähigkeiten als Zuhörer – sondern an der Glaubwürdigkeit seines Mitarbeiters.
Aber der Konstrukteur wollte sich den Schwarzen Peter nicht unterjubeln lassen: »Merken Sie, dass ich auch in diesem Gespräch keinen Satz zu Ende führen kann? Ich habe das Gefühl ...«
»Hören Sie auf mit Gefühlen: Es geht hier um Fakten. Um einen Liefertermin, den wir zugesagt haben und den wir einhalten müssen!«
»Sie unterbrechen mich schon wieder. Ich habe oft das Gefühl, Sie hören mir nicht zu. Auch wenn es wichtig wäre.«

Sein Chef verzog das Gesicht, als hätte er in eine Zitrone gebissen: »Erst informieren Sie mich schlecht – und jetzt werden Sie auch noch frech!«

»Ich werde nicht frech – ich möchte bloß ganz sachlich ...«

»Sie möchten mir ›ganz sachlich‹ Ihr Versagen in die Schuhe schieben. Aber wissen Sie, was ich möchte? Ich möchte, dass wir unseren Termin halten!«

Der Entwickler gab es auf. Zwei Monate später, als ich ihn kennenlernte, wollte er gerade den Arbeitgeber, in Wirklichkeit aber den Chef wechseln.

Viele Führungskräfte tun sich leicht damit, ihre Mitarbeiter zu kritisieren, aber umso schwerer fällt es ihnen, Kritik zu empfangen. Wer als Mitarbeiter ein offenes Wort spricht, begeht schwere Majestätsbeleidigung und wird, da Auspeitschen nicht mehr in Mode ist, mit Ignoranz bestraft. Aber wie will sich eine Führungskraft weiterentwickeln, wie eigene Schwächen erkennen und die Führungsfähigkeiten ausbauen, wenn sie sich für die Rückmeldung der Mitarbeiter nicht interessiert?

Dabei könnte dieses Feedback durchaus erhellend sein. Eine Langzeitstudie der US-Forscher Glenn McEvoy und Richard Beatty belegt: Kaum ein Chef kann sich selbst realistisch einschätzen. Umso mehr treffen die Mitarbeiter ins Schwarze: Sie können den Erfolg ihres Vorgesetzten auf Jahre hinaus vorhersagen – und zwar ebenso exakt wie ein Assessmentcenter!

»Dinge wahrzunehmen ist der Keim der Intelligenz«, sagte der chinesische Philosoph Lao-Tse. Dinge nicht wahrzunehmen kann der Keim der Dummheit sein! Denn ein Chef, der sich die Ohren zuhält, erkennt eigene Fehlentscheidungen viel zu spät. Erst wenn die Kunden in Scharen davonlaufen und die Gewinne eingebrochen sind, übermannt ihn ein dunkles Erinnern: Ach ja, die Mitarbeiter gibt es ja auch noch! Dann stempelt er sie zu Sündenböcken, verflucht sie für die »hohen Personalkosten«. Der Manager greift mal wieder zum Entlassungsbesen – statt sich selbst an den Kopf!

»Werten Sie mein Schweigen als Lob!«

Stellen Sie sich vor, da schießt jemand pausenlos Bälle auf ein Tor. Schießt hoch, schießt flach, schießt scharf, schießt locker. Nur eines erfährt er nie: Ob die Bälle treffen oder nicht. Dieses Geschehen entzieht sich seinem Blickfeld. Wie lange, glauben Sie, kann die Freude an einer solchen Beschäftigung währen? Wer keine Rückmeldung bekommt, langweilt sich schnell. Er zweifelt am Sinn seines Tuns, versinkt in Frustration.

Tausende von Mitarbeitern treten jeden Tag Bälle in Richtung Chefbüro. Sie entwerfen Kampagnen, erstellen Bilanzen, schreiben Artikel, konstruieren Produkte. Sie geben sich Mühe mit Feinheiten, in der Hoffnung, eine Rückmeldung, vielleicht sogar ein Lob zu bekommen.

Doch genauso gut könnten sie auf den Weihnachtsmann warten: Still und starr ruht das Chefbüro! Etliche Vorgesetzte halten sich an ein Motto, das die Bezirksleiterin einer norddeutschen Brauerei gegenüber ihrem Assistenten so formulierte: »Wenn Sie nichts von mir hören, dann gehen Sie bitte davon aus: Sie haben Ihre Sache gut gemacht.«

Warum geizen Chefs mit dem Lob wie die Schotten mit dem Geld? Was hindert sie daran, wenn ein Mitarbeiter etwas gut gemacht hat, ihm das auch zu sagen?

Lob setzt zweierlei voraus: Erstens muss ein Chef erkennen, was überhaupt lobenswert ist. Er muss sich mit den Ergebnissen seiner Mitarbeiter im Detail befassen. Einigen fehlt dazu die Lust, anderen die Sachkenntnis. Zweitens erhöht Lob das Selbstbewusstsein der Mitarbeiter und kann Gehaltsforderungen oder Beförderungswünsche nach sich ziehen. Wer seine Mitarbeiter klein hält, erscheint daneben umso größer. Und muss keine Forderungen fürchten.

Doch gegenüber ihren Mitarbeitern sind Chefs nur kurzzeitig sprachlos: Sobald es den geringsten Anlass für Kritik gibt, sprudeln die Worte wieder. Ein Beispiel hierfür lieferte die besagte Bezirksleiterin gegenüber ihrem Assistenten Hans-Peter Klöckner (39). Er hatte ihr eine Rede zur Einweihung eines Großhandelsbetriebes geschrieben, beginnend mit einem Zitat von Herrmann Hesse: »Jedem Anfang wohnt ein Zauber inne.« Dann leitete er mit einem geschickten Wortspiel auf den Flaschengeist und auf die Bierproduktion über.

Was Klöckner nicht wissen konnte: Mit demselben Zitat hatte sein Vorgänger schon vor zwei Jahren eine Rede der Chefin eröffnet. Diese Gelegenheit zu einer öffentlichen Hinrichtung ließ sich die strenge Bezirksleiterin nicht entgehen: Bei einer Teamrunde vor etwa fünfzehn Zeugen ging sie mit ihm ins Gericht: »Sie haben als Redenschreiber versagt! Wie können Sie mir die alten Worte in den Mund legen? Die Leute denken dann doch: ›Die Frau kennt wohl nur eine Gedichtzeile!‹« Dass sie wahrscheinlich gar keine kannte, sondern sich stets anderer Köpfe bediente, behielt sie natürlich für sich.

Der Assistent sah in mitleidige, teils auch in schadenfrohe Gesichter: Einigen Chefumschwänzlern kam es wohl ganz gelegen, dass er öffentlich gerupft wurde. Seine Chefin forderte ihn auf, ihre eigenen Reden zurück bis Adam und Eva zu studieren, um künftig solche »peinlichen Ausrutscher« zu vermeiden. Zur sonstigen Qualität der Rede? Kein Wort.

Hans-Peter Klöckner schluckte, ersann einen neuen Einstieg, ließ die Rede sonst unverändert. Beim Auftritt seiner Chefin war er nicht dabei. Ein schlechtes Gefühl rumorte in seinem Bauch. Was, wenn die Chefin ausgebuht würde? Taugte seine Arbeit überhaupt etwas? War er seinem Job gewachsen?

Erst die zufällige Rückmeldung eines Vertriebsmitarbeiters brachte Erleichterung: Die Rede war mit donnerndem Applaus quittiert worden. Der Besitzer des Großhandelsbetriebs hob in seiner Dankesrede ausdrücklich hervor, wie begeistert er von dieser »kreativen und gedankentiefen Laudatio« gewesen sei. Ein Lob, das sich Klöckners Chefin gerne an den eigenen Hut steckte – ohne es mit ihm zu teilen!

Deshalb ist das tägliche Spiel am Arbeitsplatz für Mitarbeiter ja so frustrierend: Von allen Schüssen, die den Torwinkel treffen, hören sie nichts mehr. Doch passiert mal ein kleiner Fehlschuss, donnern die Kanonen der Kritik. Mancher Chef stellt als Suchmaschine Google in den Schatten, wenn es um die Suche von Arbeitsfehlern geht. Jedes Komma, das nicht an der richtigen Stelle steht, bläst er zum Sündenfall auf. Damit die Kritik ihre Wirkung nicht verfehlt, wird sie vorzugsweise in der Gruppe oder in Schriftform geübt, gerne auch mit Abmahnungscharakter.

Ein aufrichtiges Lob kostet einen Chefs nichts – ein versagtes Lob oder eine überzogene Kritik kostet sehr viel: die Motivation der Mitarbeiter.

2. Vom Fachidioten zum Chefchaoten

Wer Chef werden will, braucht Ellenbogen – aber keine Qualifikation. Mancher Aufsteiger ist eine Kapazität in seinem Fach, aber eine Katastrophe für seine Mitarbeiter. So perfekt er Computer programmieren oder Zahlen jonglieren mag: Beim Führen kann er ein Versager sein. In diesem Kapitel lesen Sie unter anderem …

- warum Gabelstaplerfahrer eine deutlich bessere Ausbildung genießen als ihre Chefs;
- warum der Anteil an Psychopathen unter Chefs achtmal höher als ist als unter der Gesamtbevölkerung;
- und mit welchen Tricks ein junger Karrierist seinen Chef blendet, seine Kollegen denunziert und sich zum Einkaufsleiter emporschummelt.

Ein Meister fällt vom Himmel

Gabelstapler führen? Darf nicht jeder in Deutschland! Man besucht Kurse, legt eine Prüfung ab. Damit es nicht zu Unfällen kommt. Damit keine Paletten abstürzen, keine Menschen überrollt werden.
Mitarbeiter führen? Darf jeder in Deutschland! Man besucht keine Kurse, braucht keine Qualifikation. Weshalb es zu Unfällen kommt. Weshalb Führungskräfte den falschen Kurs einschlagen und Mitarbeiter unter die Räder geraten.
Jeder Gabelstapler, so rostig er auch sein mag, wird in Deutsch-

land professioneller geführt als die Mitarbeiter. Jeder Gabelstapler hat Anspruch auf einen gelernten Fahrer – während die Mitarbeiter von ungelernten Chefs, oft von emotionalen Blindschleichen angeleitet werden.

Wie die Jungfrau zum Kind kommt, so kommen die meisten Vorgesetzten zu ihrem Amt: ohne jede Vorbereitung. Es fehlt an Wissen, an Übung, womöglich an Führungstalent. Sie fallen als Meister vom Himmel. Die Mitarbeiter werden zu Versuchskaninchen, die Führung gerät zum Experiment, und nicht selten endet es wie im Chemieunterricht: mit einem lauten Knall.

Die mangelnde Ausbildung der Chefs ist der erste Fehler im System; der zweite sind die Beförderungskriterien. Die Mitarbeiter wispern sich auf dem Flur zu: »Wie ist *der* bloß Chef geworden?« Eine originelle Antwort liefert der Amerikaner Scott Adams, ein chefgeschädigter Angestellter, der sich anstelle einer Psychotherapie für das Schreiben humorvoller Bücher entschieden hat. Sein *Dilbert-Prinzip* besagt: Unfähige werden dorthin befördert, wo sie den geringsten Schaden anrichten können: ins Management.

Dieser These kann man heftig widersprechen: Was heißt »geringster Schaden«? Mancher Chef zieht eine Schneise der Verwüstung nach sich, gegen die ein Tsunami nur ein Sturm im Wasserglas ist! Und dieser These kann man heftig zustimmen; denn das große Los in der Beförderungslotterie geht tatsächlich oft an Unfähige oder an solche, die es spätestens durch ihren Aufstieg werden.

Der US-Pädagoge Laurence Peter hat in den 1960er Jahren das *Peter-Prinzip* geprägt: Danach steigt in einer Hierarchie jeder so lange auf, bis er die Stufe seiner Unfähigkeit erreicht hat. Der Fachmann wird zum Schwachmann.

Ein Beispiel ist Patrik Sanders (34), Buchhalter in einer großen Werft. Seine Fachkompetenz war bei den Kollegen anerkannt. Er galt als Meister der kreativen Buchhaltung, als Herr des Dschungels der deutschen Steuergesetze. Er kannte jede Lücke, jeden Abschreibungsschleichweg und jeden verschlungenen Subventionspfad.

In seine Arbeit war er gewöhnlich so vertieft, dass die Kollegen es längst aufgegeben hatten, ihn in ihre Gespräche einzubinden – nur bei Fachfragen schaute er kurz vom Bildschirm auf, immer mit dem unwirschen Blick eines Mannes, der gezwungen wurde, aus den Tiefen seiner Arbeit aufzutauchen. Er machte viele Überstunden; die Wachleute wunderten sich nicht, wenn er erst nach 20 Uhr vom Hof ging.

Ende 2006 ging der Leiter des Rechnungswesens in Rente. Die Geschäftsführung musste über die Nachfolge nicht lange nachdenken: Patrik Sanders galt als kompetent und fleißig – er wurde zum Leiter des Rechnungswesens befördert. Seine Mitarbeiter fragten sich: »Mit welcher Strategie wird er die Abteilung führen?« Doch diese Antwort blieb er ihnen schuldig. An seinem ersten Arbeitstag als Abteilungsleiter galt seine ganze Aufmerksamkeit einem neuen Steuergesetz. Die Glückwünsche wehrte er ab wie lästiges Ungeziefer. Die Idee, eine Sitzung einzuberufen, um seine Vorstellungen zu erläutern, lag ihm so fern wie ein Steuergeschenk an den Staat.

Seine alte Aufgabe nahm ihn in Anspruch; er wollte sie unverändert fortführen. Rund um die Uhr kniete er sich in die Details des Steuerrechts, brütete über Bilanzen. Mitarbeiterführung? Nebensache!

So wenig er sich um die Menschen kümmerte, so sehr um ihre Arbeitsergebnisse; die ganze Abteilung sollte fachlich auf sein eigenes Niveau angehoben werden. Er blätterte in Aufstellungen, legte seine Stirn in Falten, korrigierte mit dem Rotstift. An jedem Vorgang – wirklich jedem! – fand der Steuerprofi winzige Mängel. Sogar erfahrene Betriebswirte kamen sich wie begriffsstutzige Schüler vor, die ihre Hausaufgaben vorlegen mussten. Am nächsten Morgen fanden sie die Korrekturen auf ihrem Tisch wieder, ohne weitere Erläuterung.

Nach ein paar Wochen stieg unter den Mitarbeitern der Pegel der Gleichgültigkeit: Warum noch mit der alten Gründlichkeit arbeiten? Der neue Chef kontrollierte ja doch alles. Und fand ohnehin Fehler.

Weil die Mitarbeiter nachlässiger wurden, fand Sanders tatsächlich mehr Fehler. Weil er mehr Fehler fand, kontrollierte er öfter. Und weil er stundenlang kontrollierte, sahen ihn die Wachleute jetzt erst nach 22 Uhr vom Hof gehen.

Er fühlte sich überfordert, war sauer auf die Mitarbeiter. Seine Nerven lagen blank. Einem Familienvater, der schon eine Reise gebucht hatte, strich er die zweite Urlaubswoche. Er sagte: »Ich selbst habe meinen Urlaub bei Arbeitsengpässen auch immer verschoben.«

Nach einer Weile schlug der Frust über den neuen Chef in Wut um. Zu Beginn galt er noch als »überfordert«, jetzt aber war die Bewährungszeit vorbei. Seine Mitarbeiter stuften ihn als »unfähig« ein und waren sich einig: »Die Chefschuhe sind ihm drei Nummern zu groß!«

Irrten sie? Nein! Eine solche »Führung« hat ihren Namen nicht verdient. Der Chef kontrollierte, statt zu vertrauen. Er korrigierte, statt Wissen aufzubauen. Er nahm sich selbst als Maßstab, statt die Bedürfnisse der Mitarbeiter zu beachten. Er machte so ziemlich alles falsch, was ein Chef falsch machen kann. Das Führungsexperiment war gescheitert, wurde aber auf Kosten der Mitarbeiter fortgeführt. So geht es oft.

Was die Fliegenpilze im Herbstwald sind, sind die führenden Fach- bzw. Schwachmänner in den Unternehmen: weit verbreitet und sehr giftig. Als Fachkräfte waren sie spitze, als Führungskräfte sind sie Witze. Sie können mit Zahlen umgehen, mit Maschinen, mit Sprache oder mit chemischen Elementen – aber sie haben keinen blassen Schimmer davon, wie man Menschen führt. Auch ihr Fachwissen verblasst mit den Führungsjahren. Aus einer DGB-Studie von 2007 geht hervor: Fast jeder zweite Mitarbeiter sieht seinen Chef als fachlich überfordert.

Der Wirtschaftswissenschaftler und Führungsexperte Warren Bennis definiert einen Chef als jemanden, der »freiwillige Gefolgsleute« hinter sich versammelt, der Mitarbeiter überzeugt, statt sie zu überreden; sie befähigt, statt zu bevormunden, und sie begeistert, statt zu bedrohen. Wahrscheinlich bräuchte man einen Gabelstaplerfahrer, natürlich mit Ausbildung, um die Inhaber der Unternehmen auf folgende Erkenntnis zu stoßen: Eine Firma kann immer nur so gut sein, wie es die Mitarbeiterführung ihrer Vorgesetzten ist. Aber wollen die Inhaber diesen Zusammenhang überhaupt sehen? Man könnte ja auf die Idee kommen, sie nach ihrer eigenen Führungsqualifikation zu fragen …

Was Affen und Chefs verbindet

Wer sich als »Kaiser von China« ausgibt, ohne der Kaiser von China zu sein, landet gewöhnlich im Irrenhaus. Aber wer sich zum Chef aufspielt, ohne bislang Chef zu sein, landet nicht selten – auf dem Chefsessel! Dabei spielen die tatsächlichen Führungsqualitäten eine wesentlich geringere Rolle als das Führungsgehabe.

Ein Experiment mit Affen verlief kurios: Die Forscher wählten jene Tiere aus den Käfigen, die bei Rangkämpfen immer unter die Räder kamen, also die geborenen Verlierer. Man wollte sie einer Gehirnwäsche unterziehen: Die Affen bekamen Elektroden in den Kopf gepflanzt, um das Nervenzentrum für Drohgebärden anzuregen. Nach der Operation entließ man die Affen zurück in die Käfige, sie waren nicht stärker und nicht schlauer als vorher; geändert hatte sich nur ihr Verhalten: Die »gedopten« Affen spielten sich zu Chefs auf, schüchterten die anderen ein, imponierten durch Geräusche und Gesten. Viel Lärm um nichts!
Doch der Erfolg war grandios: Die gedopten Tiere stiegen in der Rangordnung höher und höher. Bis sie die Chef-Affen waren. Es kam bei diesem Aufstieg nicht auf Muskel- oder Gehirnmasse an – nur auf das Gehabe der Affen. Groteske Pointe: Als man den manipulierten Tieren die Elektroden wieder entfernte, fielen sie nicht auf ihren alten Rang in der Hackordnung zurück; sie blieben an der Spitze.
Nun lässt sich nicht abschließend klären, wie viele angehende Chefs sich Elektroden in den Kopf pflanzen lassen. Sicher ist jedoch: Etliche von ihnen könnten es durch ihr Verhalten locker mit den gedopten Affen aufnehmen. Die Beförderungskriterien der Firmen laden dazu ein. Denn wofür – außer für Fachwissen – wird man in Deutschland mit einer Beförderung belohnt? Etwa für Verhaltensweisen, die auf soziale Kompetenz schließen lassen? Dafür, dass man sich in die Teamarbeit kniet, den Werkstudenten bei seiner Diplomarbeit unterstützt und jedem Kollegen, der Sorgenfalten trägt, ein offenes Ohr schenkt? Gibt es Beförderungspunkte, wenn man den Kollegen Kaffee kocht oder Geburtstagskuchen bäckt?
Wer sich so verhält, gilt bei seinen Chefs bestenfalls als »nett«

– was freundlicher klingt als »naiv« und »beförderungsuntauglich«, aber exakt dasselbe meint. Soziales Verhalten wird oft als Hinweis auf Durchsetzungsschwäche und mangelnden Ehrgeiz diskreditiert.

Höher angesehen sind daher Imponier-Affen und Karrieristen. Sie sind Meister darin, sich selbst ins rechte Licht zu rücken – und ihre Kollegen in den Schatten zu stellen. Ein paar Beispiele für ihr Verhalten:

- Ein Konzept, das eine Kollegin erarbeitet hat, wird durch Handauflegen eines Karrieristen auf seinen eigenen Namen umgetauft – und nach oben als eigene Leistung verkauft.
- Einen möglichen Geschäftspartner der Firma, den er vor Jahren aus der Ferne gesehen hat, stellt er mindestens als »guten alten Bekannten«, wenn nicht sogar als »Duzfreund« dar.
- Wenig spektakuläre Aufgaben lässt er auf wundersame Weise von seinem eigenen Schreibtisch auf den eines Kollegen wandern. Soll der sich um die Routine kümmern!
- Und natürlich nimmt er die Teamsekretärin, den Auszubildenden und die Praktikantin mit einer solchen Selbstverständlichkeit in Beschlag, als hätte er die dritte Beförderung schon hinter sich – statt noch auf die erste zu warten.

Beim Delegieren, einer Prestigetätigkeit, gehen die Beförderungskandidaten gegenüber Unterstellten (wie Auszubildenden) im Befehlston vor und begegnen auch Gleichgestellten (wie Kollegen) mit taktischem Kalkül. Zum Beispiel hat sich beim Weiterreichen langweiliger Arbeit die Tom-Sawyer-Taktik bewährt.

Leser von Mark Twain erinnern sich: Tom wurde von Tante Polly dazu verdonnert, bei bestem Badewetter einen alten Zaun zu streichen. Eine schlimme Strafarbeit! Doch was tat Tom? Er stellte seine Pinselei den vorüberflanierenden Kindern als reizvollste Sache der Welt dar, als eine Verantwortung, die längst nicht jedem Jungen übertragen würde. Und schon wurde ihm der Pinsel fast aus der Hand gerissen – und er war nicht nur seine Arbeit los, er kassierte auch noch Lohn dafür, dass andere für ihn arbeiten durften.

In der Arbeitswelt sagt der Karrierist zum Kollegen: »Du weißt doch, wie wichtig der Geschäftsführung unsere Verkaufsstatistik ist. Ich habe fast ein schlechtes Gewissen, dass ich mich jedes Mal mit diesen Federn schmücken kann. Wenn du willst …« Und schon ist er die lästige Arbeit los, bekommt die Zahlen auf dem Silbertablett serviert – und wird sich die Federn natürlich doch an den eigenen Hut stecken, etwa indem er die Zahlen auf dem mündlichen Weg schon mal nach oben übermittelt.

Wer sich so verhält, verhält sich wie im Affenkäfig. Der Effekt ist oft derselbe: ein Aufstieg in der Hierarchie, der auf dem Rücken der Mitarbeiter ausgetragen wird; denn der wahre Charakter eines Menschen, bis dahin oft durch Anpassung verborgen, kommt in der Chefposition unbarmherzig zum Vorschein. Bei Kurt Tucholsky heißt es: »Wenn man einen Menschen richtig beurteilen will, so frage man sich immer: ›Möchtest du den zum Vorgesetzten haben?‹«

Kapitän Einbein

Wie viele Beine braucht ein Chef, um sicher zu stehen? Drei, sagen Führungsexperten. Was nach Missgeburt klingt, ist anders gemeint: Drei Arten der Autorität machen einen Chef aus: formale, personale und sachliche Autorität.

Ausgerechnet jenes Bein, das die Mitarbeiter am häufigsten tritt, ist nur eine Prothese: die formale Autorität. Mit der Beförderung wird sie einem Chef angeschraubt, mit dem Verlassen des Amtes wieder amputiert. Wer sich zu sehr auf diese Gehhilfe stützt, ist ein hinkender Chef, eine von seinen Mitarbeitern durchschaute Attrappe. Es gibt viele davon!

Formale Autorität setzt nichts, aber auch gar nichts voraus – bis auf die Tatsache, dass der Chef im Organigramm über seinen Mitarbeitern steht, ihnen Weisungen geben darf. Der Freibrief, Menschen zu leiten, kann auch ein Freibrief sein, sie leiden zu lassen. Sadistische Feldwebel und ihre Nachahmer in der freien Wirtschaft machen es vor!

Das zweite Bein, die Sachautorität, ist schon echter. Wenn ein Chef in seinem Fach eine Kapazität ist, wenn er aus dem Stegreif weiß, was andere erst nachschlagen müssten, trägt ihm dieses Wissen Respekt ein. Allerdings ist das Bein der Sachautorität oft zu muskulös geraten (wie bei dem Buchhalter Sanders) – so muskulös, dass die Chefs einseitig gehen und ihr drittes Bein verkrüppeln lassen.

Dieses dritte Bein ist die personale Autorität, also die Persönlichkeit. Wenn der Chef nicht Chef wäre: Würden seine Mitarbeiter auch dann auf ihn hören? Strahlt er Kompetenz und Charakter, Standhaftigkeit und Überzeugungskraft aus? Fühlt er sich in andere ein, geht vorbildlich mit sich selber um? Weiß er um seine Stärken, seine Schwächen, getreu dem Motto der Psychologin Ruth Cohn: »Willst du ein guter Führer sein, dann schaue in dich selber rein.«? All das sind Zeichen für personale Autorität.

Welches dieser drei Beine am tragfähigsten ist, macht ein

Gedankenspiel klar: Stellen Sie sich vor, ein Schiff bohrt sich in einen Eisberg. Wasser sprudelt in den Maschinenraum, der Untergang droht. An Bord bricht Panik aus. Aber vielleicht gibt es noch Rettung! Drei Menschen werben für ihre Ideen: der Mann mit der Kapitänsmütze (formale Autorität), der allerdings, wie der Unfall zeigt, eher ein Schiffsversenker als ein Schiffslenker zu sein scheint. Ein promovierter Schiffbau-Ingenieur, der den Bauplan des Schiffes entwickelt hat (Sachautorität), aber nur das Charisma eines Windschattens besitzt. Und ein Mann mit Persönlichkeit, der während der Reise durch sein offenes Auftreten schon viele Freunde gewonnen hat und in überzeugenden Worten seinen Rettungsplan darlegt (personale Autorität).

Wem werden die Menschen folgen? Kaum der formalen Autorität des Kapitäns: Sie sinkt mit dem Schiff. Kaum dem technischen Gefasel des Ingenieurs: Es weckt keine Hoffnung. Eher hören sie auf den Mann mit Persönlichkeit, denn er hat das Vertrauen und die Sympathie der Menschen gewonnen. Ihm sind »freiwillige Gefolgsleute« sicher.

Viele Chefs gleichen dem Kapitän des sinkenden Bootes: Sie humpeln auf einem Bein, auf der Prothese der formalen Macht über die Brücke, haben den falschen Kurs eingeschlagen und bellen ihre Befehle vergeblich in den Wind. Heimlich wird das Kommando oft von einem informellen Führer übernommen, einem Kollegen mit Persönlichkeit, dem die Mitarbeiter zwar nicht folgen müssen – aber gerne folgen wollen!

Das Gruselkabinett der Aufsteiger

In einer Disziplin sind schlechte Chefs unschlagbar: in Selbstüberschätzung. Je miserabler ein Vorgesetzter, desto höher schätzt er seine eigenen Fähigkeiten ein. Die Flügellahmen sehen sich als Adler über den Bergen, auch wenn die Mitarbeiter leiden, die Geschäftszahlen fallen, die Innovationen ausbleiben. Das ist leider kein Vorurteil – das ist das Ergebnis einer Studie des Management-Forschers Jim Collins. Wer einen solchen Chef hat, hätte es auch ohne diese Studie gewusst!

Aber wie schaffen es diese Flügellahmen überhaupt, in der Hierarchie nach oben zu kommen? Mit welchen Tricks setzen sie ihre Beförderung durch? Wer hat ein Interesse daran, dass sie an die Macht kommen? Hier ein kleines Gruselkabinett der Aufsteiger:

Der Chefpapagei

Er liest dem Chef jeden Wunsch von den Lippen ab, himmelt ihn an, jubelt ihn hoch, applaudiert bei dessen Reden schon nach dem genialen Einstiegssatz: »Ehe ich zur eigentlichen Sache komme, möchte ich …« Eine Idee des Chefs ist für ihn aus drei Gründen genial: Weil sie eine Idee des Chefs ist. Weil sie eine Idee des Chefs ist. Weil sie eine Idee des Chefs ist.

Die meisten Chefs sind eitel genug, so viel ungestüme Zuneigung auf ihre Weise zu beantworten: mit einer Beförderung. Dabei werden nicht fachliche und schon gar nicht charakterliche Qualitäten belohnt – sondern nur die Fähigkeit des Papageis, seinem Herrn nach dem Mund zu reden.

Man darf zum Beispiel vermuten, dass der langjährige Generalsekretär einer politischen Partei als Papagei in dieses Amt geflattert ist. Das Spiel zwischen ihm und seinem Chef, einem damaligen Ministerpräsidenten, lief nach Beobachtung von Parteifreunden so: Der »Präse« hielt sich für den Größten, König ohne Krone, genial und unfehlbar. Und sein Diener tat alles, seinen Chef in dieser nicht gerade selbstkritischen Einschätzung zu bestärken, am liebsten öffentlich.

Wenn der Chef zum Beispiel im Kreis von Parteifreunden einen umstrittenen Standpunkt vertrat, meldete sich direkt nach ihm sein Adlatus zu Wort. Dessen Jubelrufe für den Chef fielen so euphorisch aus, dass man jeden verunglückten Vorschlag einer Bierzeltreform mit Einsteins Relativitätstheorie hätte verwechseln können. Die Kritiker bekamen den Mund gar nicht wieder zu – vor Staunen über so viel Dreistheit. Die Kritik blieb ihnen im Halse stecken.

Bestärkt vom Generalpapagei hielt sich der Ministerpräsident so lange für den lieben Gott, bis ihn die eigenen Parteifreunde – völlig unverhofft! – aus dem Himmel und auch aus dem Amt schossen.

Doch einen letzten Dienst erwies der Chef seinem Adlatus wohl noch: Er sorgte dafür, dass der in der Partei ansonsten wenig geliebte Chefpapagei auf die Schulter des neuen Ministerpräsidenten flattern durfte – erneut befördert, diesmal sogar in ein Ministeramt!

Das Giftmord-Opfer

Nicht jeder, der befördert wird, steigt dadurch auch auf – mancher nimmt in Wirklichkeit den Lift nach unten, wird aus dem Weg befördert. Dieser hierarchische Giftmord geht so geräuschlos über die Bühne, dass man ihn erst auf den zweiten Blick bemerkt.

Der Chefredakteur einer großen Zeitschrift, deren Auflage bröckelt, wird eines Tages zu seinem Verleger gerufen. Dieser setzt eine feierliche Miene auf, reicht eine dicke Zigarre über den Tisch und sagt: »Ich habe eine gute Nachricht für Sie – ich werde Sie zum Herausgeber der Zeitschrift befördern!«

Herausgeber! Dieser Titel klingt nicht schlecht, doch welche Konsequenzen hat er? Der Chefredakteur a.D. führt nicht mehr das Kommando über eine Redaktion mit 30 Köpfen, darf niemanden mehr einstellen und entlassen, ja nicht einmal die Themen und Titelbilder des Blattes bestimmen.

Nein, er wird mit einer Sekretärin, die ihm Kaffee gegen das Einschlafen kocht, in einen gesonderten Trakt versetzt. Er darf Besucher durchs Haus führen, um die sich sonst keiner kümmern will, und Grundsatzpapiere schreiben, die später keiner liest. Offenbar hat er in seiner eigentlichen Aufgabe so gründlich versagt, dass man ihm sein meist beträchtliches Gehalt lieber fürs Rumsitzen zahlt, als ihn weiteren Schaden anrichten zu lassen.

Ähnlich wie diesem Chefredakteur geht es Vorständen, Geschäftsführern oder Abteilungsleitern, wenn sie von ihrer konkreten Aufgabe in das Ressort »besondere Aufgaben« befördert werden. Meist ein Abstellgleis!

Der Kontrast-Mann

Ein wunderbares Beispiel für einen Kontrast-Mann schildert der Dichter und Liedermacher Wolf Biermann in seinem Buch *Klartexte im Getümmel*. Dort schreibt er über den SED-Funktionär Hermann Axen:

»Bei dem weiß man wenigstens genau, warum er Mitglied des Politbüros wurde. Seine phantastische Hässlichkeit war immer sein politisches Kapital. Bei Gruppenfotos der Führung hatte immer Honecker das Privileg, links von ihm zu stehen. Denn jeder, der neben Axen fotografiert wird, sieht aus wie ein Hollywoodheld.«

Warum sollte ein Chef, der selbst kein helles Licht ist, neben sich ein Leuchtfeuer zünden? Warum sollte er den besten Kandidaten befördern, sich Konkurrenz heranziehen?

Stattdessen nutzt er die Chance, in der Chefposition unter sich, gern als Stellvertreter, einen unübersehbaren Idioten zu installieren. Der wird durch seine katastrophale Mitarbeiterführung, durch seine notorischen Fehlentscheidungen, durch seine intellektuelle Dünnbrettbohrerei den höheren Chef als »kleines Übel« erscheinen lassen; sogar ein schlechter Detektiv wirkt neben einem trotteligen Kollegen, der seine Lupe nur für die Briefmarkensammlung verwendet, so scharfsinnig wie Sherlock Holmes.

Die Mitarbeiter sind doppelt gestraft: Sie haben nicht nur einen, sondern gleich zwei Trottel über sich. Leider gibt Einbein plus Einbein nicht Zweibein; die Addition von Minusmännern vergrößert nur das Führungsdefizit!

Der Firmenerbe

Er kam als Chef zur Welt. Als künftiger Chef, um genau zu sein. In dieser Gewissheit hat er seine Jugend verbracht, nicht selten auf einer Privatschule, wo die Lehrer dafür bezahlt wurden, Papis monatlichen Scheck durch gute Noten zu quittieren. Die rauhe Wirklichkeit hat ihn als Pendler zwischen Internat und Sylter Villa nicht mal mit der Fingerkuppe angetippt. Versklavte Menschen, Armut und Existenznöte sind ihm nur im Geschichtsbuch begegnet, ein paar Kapitel nach dem Aussterben der Dinosaurier.

Mit dieser Vorbereitung, bestenfalls ergänzt durch das Studium an einer privaten Hochschule, stürzt er sich eines Tages ins Berufsleben. Entweder schlägt er gleich in der Firma seines Vaters auf, weil ihn sonst niemand haben will. Oder er macht vorher ein Praktikum bei Papis bestem Unternehmerfreund, der ihn auf Händen trägt und ihm das Gefühl gibt, der kommende Bill Gates zu sein (eine Vorstellung, die ihm nicht

unbedingt gefällt: Eine Garage als erster Geschäftsraum wäre meilenweit unter seinem Niveau!).
Im familieneigenen Betrieb gliedert der Thronfolger sich natürlich nicht ins Fußvolk ein. Vielmehr steht er vom ersten Tag an *über* den langjährigen Mitarbeitern, auch wenn ihn außer seinem Familiennamen wenig dafür qualifiziert. Aus Ärger, dass er hier pausenlos nur als Sohn wahrgenommen wird (»Ihr Herr Vater sagt immer ...«), bürstet er gegen den Strich: trifft Entscheidungen, die so falsch sind, dass keiner, der sie ausführen muss, an der Macht des Juniors zweifeln kann.
Meist hat der Vater kein Vertrauen in ihn, drückt ihm nur einen kleinen Geschäftsbereich als Spielzeug in die Hand und greift ein, wenn mal wieder eine Spielzeuglok entgleist ist. Darum zieht sich die Unternehmensübergabe auch mindestens so lange hin, bis der Senior dement und der Junior kurz davor ist.
Diese Übergabe bedeutet für die Firma nicht selten den Todesstoß: Was in Jahrzehnten aufgebaut wurde, lässt sich in Monaten an die Wand fahren. Den Firmenerben und vor allem seine Geldbörse berührt das herzlich wenig; wozu hat man denn eine GmbH? Seine privaten Erbmillionen bleiben unberührt – während die Mitarbeiter mit ihrer Existenz haften.

Der Vitamin-B-Kandidat
Seine Beförderung kommt etwa so überraschend wie Schnee im Januar. Schon immer hat er als Günstling gegolten und zum erlauchten Kreis derer gehört, für die der Chef nicht »Herr Soundso«, sondern ein Duzfreund ist. Er hat die Filetstücke der Arbeit bekommen, durfte exotische Dienstreisen machen, wurde vom Chef mit Lob überschüttet.
Ein Klassenstreber? Nicht ganz, denn seine Arbeitsleistungen

haben eine Versetzung eigentlich ausgeschlossen: Sie dümpeln zwischen »mangelhaft« und »grauenhaft« dahin. Wer als Kollege mit ihm arbeiten musste, hatte stets die Arbeit für zwei zu machen.

Diese Mängel wollte der Chef offenbar nicht sehen! Vielleicht stimmt das Gerücht ja doch, dass der Beförderte im selben Tennisklub wie sein Beförderer spielt – und jahrelang schlau genug war, diesen jedes Spiel gewinnen zu lassen. Oder sind die beiden alte Schulfreunde, die ihre triste Gegenwart jeden Abend in Bierkrügen ertränken und sich wie zahnlose Opis mit Geschichten unter der Überschrift »Weißt du noch ...« zurück ins Leben reden?

Wer sich als Mitarbeiter beim nächsthöheren Chef, also dem Beförderer, über seinen neuen Vorgesetzten beschwert und auf Zustimmung hofft, könnte auch direkt fragen: »Geben Sie eine öffentliche Bankrotterklärung für Ihre eigene Beförderungspolitik ab?«

Es steht zu befürchten, dass die Vitamin-B-Seilschaft fortbesteht und der Chef seinen Günstling beim nächsten Aufstieg weiter mitzieht. »Beziehungen sind eine Rutschbahn nach oben«, sagte der österreichische Kabarettist Karl Farkas. Das gilt erst recht, wenn der Aufsteiger mit einer Schleimspur nachhilft ...

Bekenntnisse eines Hochstaplers

Der junge Einkäufer Björn Schlecker (26) machte ein Gesicht, als sei eine Katastrophe passiert. So war es auch: Man hatte ihn zum Einkaufsleiter befördert. Nun saß er in der Karriereberatung, »um einmal Klartext zu reden, wie es jetzt in mir aussieht«. Außerdem wollte er wissen: »Wie kann ich als Chef

überleben?« Diese Worte kamen ihm zögerlich über die Lippen. Sein Blick hielt sich am Teppich fest, seine Finger zupften knisternd an seinem Ziegenbärtchen.
»Erzählen Sie mir, wie es zu Ihrem Aufstieg kam«, bat ich. Schleckers Gesicht hellte sich auf. Er straffte seinen Körper wie ein Sportler bei der Nationalhymne und sprach jetzt lauter: »Ich habe mir für meine Karriere eine Menge einfallen lassen!« Das war nicht übertrieben: Er hatte seine Lieferanten gegeneinander ausgespielt, bis sie wahnwitzige Rabatte gaben. Hatte seinem Vorgesetzten, dem Bereichsleiter, wichtige Managementbücher geliehen *(Die 11 Geheimnisse des ALDI-Erfolgs)*, die er selbst »nur angelesen, aber mit Textmarker vollgepinselt« hatte. Und als eine Kollegin einmal ein Produkt zum Normalpreis kaufte, das anderswo im Angebot war, gab er »dem Chef einen diskreten Wink«. Auf den Fehler war er nur aufmerksam geworden, weil ihm ein halbes Jahr zuvor – allerdings unbemerkt – das gleiche Missgeschick passiert war.
Schlecker war ein Intrigenprofi. Und er hatte sein Fach gründlich gelernt. »Kennen Sie *Die Peperoni-Strategie*?«, fragte er. »Dieses Buch hat mir viel für den Umgang mit meinen Kollegen beigebracht.« Als er meinen skeptischen Blick sah, fügte er schnell hinzu: »Doch, ich hab's wirklich gelesen, zweimal sogar – und nicht an meinen Chef verliehen.«
Die Peperoni-Strategie ist ein Mach(t)werk des Hamburger Kriminologie-Professors Jens Weidner. Chefs und allen, die es werden wollen, soll es Nachhilfe in einer angeblich unterentwickelten Managementdisziplin geben: in Aggression. Dabei wirft der Professor mit Backrezepten für Intrigen nur so um sich. Zum Beispiel heißt es: »(...) bitten Sie etwa eine Mitarbeiterin, die Ihnen den Aufstieg vermasseln will, sich stärker um die Loser-Truppe zu kümmern, zum Beispiel beim tägli-

chen Kantinenessen. Dankenswerterweise übernimmt sie den Motivationsjob. Den Restkollegen signalisieren Sie allerdings das Gegenteil: Sie seien von der Mitarbeiterin enttäuscht, weil sie sich nun jeden Mittag diesen Bremsen anschließen würde! Wenn Sie selbst um derart fürsorgliche Sozialarbeit gebeten werden, seien Sie also entsprechend vorsichtig!«

Weiter rät der Autor zu künstlichen Wutausbrüchen, zum »Herumbohren« in Schwächen und zur »Partisanentechnik«, mit deren Hilfe sich andere Meetingteilnehmer bloßstellen lassen. *Die Peperoni-Strategie* kam in den deutschen Chefetagen so gut an, dass sie ein Management-Bestseller wurde, natürlich flankiert von einem Seminar des aggressiven Professors.

Doch der junge Einkäufer, der solche Tipps verinnerlicht hatte, war offenbar nicht glücklich damit. Aber warum? Ich fragte: »Ihr Plan ist doch aufgegangen. Was besorgt Sie jetzt?«

»Ich habe Angst, dass man mich durchschaut.«

»Sie fühlen sich zu Unrecht befördert?«

»Na ja, meine Tricks waren nicht gerade lupenrein. Und kann ich mit meinen sechsundzwanzig Jahren wirklich erwarten, dass mich ein Kollege mit fünfundfünfzig ernst nimmt? Unter uns gesagt: Er weiß viel mehr über Einkauf als ich.«

Sein Blick hing wieder am Teppich. Er hatte die Arme jetzt, wie zum Schutz, vor der Brust verschränkt.

»Was ist Ihr Alptraum als Chef?«, fragte ich.

»Dass mich meine Mitarbeiter verspotten. Dass sie mich anlügen. Dass sie nicht tun, was ich sage.«

»Sie fürchten sich vor Ihren Mitarbeitern?«

»Ja, doch. Sie können mich auffliegen lassen, mir alles verderben. Und wenn ich als Chef versage, dann ist alles aus.«

»Alles aus?«

»Für meinen Vater wäre ich dann gestorben. Und seine Meinung bedeutet mir sehr viel!«

Björn Schlecker erzählt mir, sein Vater habe ihn immer angepeitscht: »Er wollte, dass ich beim Sport der Schnellste, in der Schule der Beste bin.« Wie hoch sein Taschengeld und wie intensiv die Zuneigung seiner Eltern war, hing immer von der Leistung ab. Geliebt wurde er nicht für das, was er war, sondern für das, was er tat.

Da er »in der Schule nicht als Leuchte auffiel«, wie er es ausdrückte, litt er unter einem chronischen Mangel an Zuneigung. Ein Defizit, das er bis heute durch äußerliche Erfolge beheben will. Und jetzt – endlich, endlich! – hatte er eine große Schlacht gewonnen. Jetzt – endlich, endlich! – saß er auf dem Chefsessel. Fatal war nur: Kaum aufgestiegen, packte ihn schon die Angst vor dem Absturz.

Er sah mich zögernd an, und einen Moment glaubte ich, die Verletzlichkeit eines kleinen Jungen in seinem Gesicht zu erkennen – eines Jungen, der jeden Baum ausreißen würde, um seinem Papi zu imponieren, der aber plötzlich erkennt, dass die Bäume viel zu groß und seine Kräfte viel zu klein sind.

Etlichen Chefs geht es wie diesem Einkäufer, durch ihren Aufstieg wollen sie es allen zeigen: der Ehefrau, den Eltern, den Nachbarn und erst recht dem alten Klassenlehrer, der ihnen den Satz »Aus dir wird nie was!« hinterherschleuderte. So rennen sie nach oben, höher und höher, um die Selbstzweifel abzuhängen. Doch die Selbstzweifel rennen mit. Die Überzeugung, den Aufstieg nicht verdient zu haben, steckt wie ein Projektil in ihrem Kopf.

Dieses Gefühl ist unter (neuen) Chefs so weit verbreitet, dass Psychologen dafür einen Begriff ersonnen haben: Sie sprechen vom *Hochstapler-Syndrom*. Die Beförderten kommen sich in der Chefrolle wie Schauspieler vor, die ihr Drehbuch nicht beherrschen. Und weil sie unsicher sind, übertreiben sie auf der Bühne des Alltags die Gesten vermeintlicher Sicherheit. Drehen Mitarbeiter durch die Mangel. Entscheiden als einsame Wölfe. Verbreiten das rhetorische Getöse eines Wasserfalls.

Das polternde Auftreten dieser (neuen) Chefs ist eine grelle Farbe, die den Minderwertigkeitskomplex überpinseln soll. Der große Psychiater Alfred Adler vertrat die Überzeugung: Je minderwertiger sich ein Mensch fühlt, desto mehr strebt er nach Macht. Dabei sind die Grenzen zum Wahnsinn fließend, der New Yorker Wirtschaftspsychologe Paul Babiak fand heraus: In der Chefetage kommen Psychopathen achtmal so häufig vor wie in der Gesamtbevölkerung, wo nur jeder Hundertste als gestört gilt.

Wer ohnehin souverän ist, muss nicht zwanghaft nach dem Rettungsring der formalen Macht greifen. Wer aber ansonsten untergeht – der tut alles, um diese Macht zu umklammern. Ein solcher Mensch sieht jede Begegnung mit anderen als einen Wettkampf, für ihn kann es nur einen Gewinner geben. Er glaubt: Nur wer treten darf, wird nicht getreten! Er will sich dem täglichen Konkurrenzkampf unter Gleichen entziehen, will über den Kollegen stehen.

Was der Naturforscher Konrad Lorenz bei den Dohlen beobachtet hat, gilt auch in der Arbeitswelt: Wer in der Rangordnung über den anderen steht, ist vor Angriffen sicherer. Die meisten Kämpfe finden zwischen Dohlen derselben Hierarchieebene statt. Dass ein ranghöheres Tier angegriffen wird, kommt deutlich seltener vor. Angriffe über zwei Ebenen hinweg sind fast ausgeschlossen. Die Sachbearbeiter raufen sich untereinander – der Chef muss allenfalls den Schiedsrichter spielen, nicht die eigene Kraft beweisen.

Björn Schlecker bekam von mir den Tipp, die *Peperoni-Strategie* ins Altpapier zu befördern und sich *Die Neurosen der Chefs* von Hesse und Schrader zu besorgen – ein Buch, das die Ängste der Führenden ausleuchtet, ihren Machthunger erklärt und durch Selbsterkenntnis den Weg zur Selbstheilung zeigt. Vielleicht geschieht das Wunder ja doch noch, und Schlecker wird eines Tages ein annehmbarer Chef – annehmbar für seine Mitarbeiter, aber vor allem für sich!

3. Hier ist was faul: der Mitarbeiter

Anderes Wort für »faul«? »Mitarbeiter«, antworten viele Chefs. Sie pflegen ihre Vorurteile wie der Friedhofsgärtner sein Nelkenbeet, und ihre Phantasie treibt groteske Blüten. Sie fühlen sich nicht von Mitarbeitern, sondern von Gegenarbeitern, von Drückebergern, von Spionen umgeben. Hier erfahren Sie unter anderem ...

- warum Chefs so misstrauisch sind und ihre Mitarbeiter sogar von Detektiven ausspionieren lassen;
- welche *Piepshow* sich ein großer Konzern jeden Morgen zur Mitarbeiterkontrolle erlaubt;
- wie ein Archivleiter, *Para-Neuchef* genannt, seine Mitarbeiter mit der Peitsche des Verfolgungswahns vor sich hertreibt.

Der Chef und die Detektive

Wenn ein Chef sich fühlt, als wäre er allein unter lauter Mafiosi, wenn er seine Mitarbeiter für Lügner, Betrüger, Verbrecher hält – schadet er damit der Wirtschaft? Nicht unbedingt, denn solche Chefs ernähren einen ganzen Wirtschaftszweig: die Privatdetektive. Geben Sie im Internet bei *Google* einmal die Suchbegriffe *Krankmachen* und *Detektiv* ein; rund tausend Treffer zeugen von einem florierenden Geschäft.

Und ebenso wie sich aus dem Angebot eines Sexshops folgern lässt, was in den Schlafzimmern abgeht, so lässt sich aus dem

Angebot der Wirtschaftsdetekteien schließen, welche Phantasien einen Chef umtreiben, wenn er über seine Mitarbeiter nachdenkt. Man blickt in einen Abgrund!

Nehmen wir das Angebot einer selbsternannten »Großdetektei«, der »Hirsch GmbH« in Rosenheim. Diese Schlapphüte bieten den Chefs: »(...) Mitarbeiterüberwachung, zum Beispiel bei Missbrauch der Lohnfortzahlung im Krankheitsfall, unerlaubter Nebentätigkeit, Schwarzarbeit, Konkurrenztätigkeit eigener Mitarbeiter«. Hoppla, das klingt ja fast nach Agentenkrimi: der Mitarbeiter als Spion der Gegenseite. Sein Kugelschreiber eine Granate. Seine Uhr mit Laserstrahl. Und die Sekretärin natürlich das Bond-Girl!

Aber es kommt noch dicker: »Unsere Detektive und Ermittler decken Diebstahls-, Betrugs- und Unterschlagungsdelikte Ihres Personals auf.« Man beachte: Die Detektive versprechen *nicht*, vorgefallene Delikte »aufzuklären« – sie wollen Verbrechen »aufdecken«, die sich bislang wohl nur im Kopf des Chefs abgespielt haben.

Muss erwähnt werden, dass die Spürnasen auch »Abrechnungsbetrug, Spesenbetrug und Reisekostenmanipulation« erschnüffeln? Natürlich mit filmreifen Methoden: »durch Einschleusen von Detektiven in Ihr Unternehmen, die sich als Mitarbeiter ausgeben«. Solche Fahndungstechniken, im Terroristen- und Drogenmilieu bewährt, sind für die Mitarbeitermafia das richtige Kaliber. Schauen Sie Ihre Kollegen also gut an! Wenn der neue Buchhalter seine Aufgabe darin sieht, Bücher zu halten (oder gar eine Zeitung mit zwei kleinen Löchern auf Augenhöhe!) – es könnte ein Detektiv in Chefdiensten sein!

Zu diesem Zeitpunkt müsste das ausgeprägte Kontrollsystem der Firma freilich schon versagt haben. Denn zum begehrten

Angebot der »Großdetektive« gehören auch »diskrete Personalüberprüfungen oder Referenzüberprüfungen Ihrer Bewerber«. Man muss als Mitarbeiter noch nicht mal eine solche Firma betreten, man muss sich nur bei ihr bewerben, schon hat man einen Detektiv am Hals. Was für ein Willkommensgruß!

Warum vertrauen Chefs zwielichtigen Detektiven mehr als Mitarbeitern, die sie selbst eingestellt haben? Warum scheuen sie nicht einmal davor zurück, ihre Angestellten per Video bei Gesprächen, beim In-der-Nase-Bohren und beim Gang zum Klo zu beobachten (wie der Discounter *Lidl*, der sich so einen handfesten Skandal eingehandelt hat)? Warum fühlen sich die Chefs also von potenziellen Verbrechern umgeben, von Spesenbetrügern und Krankmachern, von Materialdieben und Spionen der Gegenseite? Und welche Folgen hat diese Einstellung für die tägliche Zusammenarbeit?

Mancher Chef wird jetzt zum hundertsten Mal die Geschichte erzählen, wie ihm ein krankgemeldeter Mitarbeiter um 14 Uhr im Schwimmbad begegnet ist (was hatte der Chef dort eigentlich um diese Zeit zu suchen?!). Oder wie er die teure Schreibtischlampe, die eines Tages im Büro fehlte, zufällig auf einem Familienfoto des Mitarbeiters wiederentdeckte.

Aber warum verliert derselbe Chef, der negative Ausnahmen so auswalzt, kein Wort über die Regel: darüber, wie viele Mitarbeiter mit laufender Nase, mit keuchendem Husten und mit fiebrigem Kopf ihm jeden Tag in der Firma begegnen; darüber, wie viele Mitarbeiter ihr privates Notebook, ihr Handy oder sogar ihre Angehörigen dienstlich einsetzen, etwa zum Korrekturlesen eines Dokuments? Alles ohne große Worte, alles wie selbstverständlich!

Und kann nicht jeder Personaler aus einem kleinen Unternehmen eine Geschichte wie diese erzählen: Da wurde den Mitarbeitern eines Autohauses aufgrund eines Computerfehlers das Monatsgehalt zweimal überwiesen – und wer gab Bescheid, ehe es der Personalabteilung aufgefallen war? Die Mitarbeiter!

Der große Teil der Belegschaft steht loyal hinter einer Firma, oft über Jahrzehnte hinweg. Diese Mitarbeiter tun, was der Firma nützt, und sie lassen, was ihr schadet. Nichts macht sie stolzer, als wenn sie sich als Teil eines erfolgreichen Unternehmens fühlen können – und vom Chef auch so behandelt werden.

Doch diese kindliche Leistungsfreude zerbricht, wenn die Mitarbeiter zu Verdächtigen in einem täglichen Acht-Stunden-Prozess werden. Ein drastisches Beispiel lieferte der Leiter der Versandabteilung eines Kaufhauses. Jeden Abend ließ er seine Mitarbeiter beim Verlassen der Halle in Reih und Glied antanzen, um seine Nase in die Rucksäcke und Taschen zu stecken. Wie bei der Grenzkontrolle.

Wozu dieses Verhalten bei den Mitarbeitern führte, erzählte mir Jahre später der Betriebswirt Josef Scholl (31), der dort als Student gejobbt hatte: »Wir haben uns einen Spaß daraus gemacht, möglichst viele Kleinigkeit durch die Kontrolle zu schmuggeln. Mal wanderten die Sachen in den Socken, mal in der Unterhose mit. Am nächsten Tag haben wir die Waren dann feixend zurück ins Regal gestellt.«

Von Zeit zu Zeit taten die Mitarbeiter dem Chef-Kontrolleur sogar den Gefallen, ihn etwas finden zu lassen. Scholl: »Ich hatte einen kleinen Teddybären ganz unten in meinem Rucksack vergraben. Mit dem triumphierenden Grinsen eines Henkers zog er ihn ans Licht!« Doch ehe der Chef zur Vollstreckung schreiten konnte, hielt ihm der Student die Quittung für das in der Mittagspause gekaufte Produkt unter die Nase. Die Kollegen jubelten.

Wenn Vorgesetzte ihren Mitarbeitern misstrauen, passiert immer dasselbe: Die Aufmerksamkeit verlagert sich von der eigentlichen Arbeit auf den Chef. Wer gewürgt wird, tut nicht alles für den Kunden, sondern für die eigene Luftzufuhr. Wenn Chefs die Kontrolle erhöhen, mehren sie nur den Ideenreichtum ihrer Mitarbeiter, die Kontrolle zu umgehen.

Der eng kontrollierte, wenn nicht gar von Detektiven ausspionierte Mitarbeiter fühlt sich nicht als Partner des Chefs, er fühlt sich bekämpft. Indem ein Vorgesetzter auf *Nummer sicher* geht – ursprünglich eine Formulierung aus dem Strafvollzug! –, löst er bei seinen Mitarbeitern Flucht- und Trotzreaktionen aus.

Diese Erfahrung machte auch die Firma *Rhodius* in Burgbrohl, ein mittelständischer Schleifmittelhersteller. Die Belegschaft wurde an der engen Kette gehalten: starre Hierarchien, unflexible Arbeitszeiten, eng abgesteckte Einzelarbeit. Ergebnis: immer mehr Krankmeldungen. Was sollte die Geschäftsleitung tun? Enger kontrollieren? Abmahnen? Detektive einschalten? Die Chefs taten das Gegenteil: Die Mitarbeiter bekamen mehr Verantwortung, durften in der Gruppe arbeiten und ihre Aufgaben selbst organisieren. Ein kleines Wunder geschah: Die Fehlzeiten halbierten sich!

Piepshow für Mitarbeiter

Würde man unter Chefs ein Quiz veranstalten, warum Mitarbeiter überhaupt zur Arbeit kommen, fänden drei Antworten viele Anhänger:

1. Weil es auffiele, wenn sie nicht kämen – zum Beispiel daran, dass weniger Kaffee auf Firmenkosten getrunken wird.
2. Weil das Gehalt für acht Stunden eine Gegenleistung von acht Sekunden erfordert: das morgendliche Einstempeln.
3. Weil es keinen schöneren Ort gibt, sich über die Bundesligaspiele vom letzten Samstag zu unterhalten, als den Firmenflur.

Der Generalverdacht, sie könnten Faulpelze sein, hängt über den Mitarbeitern wie eine Gewitterwolke. Wieder hat Henry Ford, der Übervater der Cheffamilie, seinen Erben die Denkrichtung vorgegeben: »Es ist gefährlich, einen extrem fleißigen Bürokollegen einzustellen, weil die anderen Mitarbeiter ihm dann dauernd zuschauen.« Mittlerweile kommen unter Vorgesetzten erste Zweifel auf: Gibt es ihn überhaupt, diesen einen Fleißigen?

Die Gewitterwolke des Verdachts entlädt sich nicht selten in Wutanfällen. So brüllte der Direktor einer großen Hamburger Werbeagentur einen nach seiner Meinung »lahmarschigen« Texter an: »Wenn Sie einmal operiert werden, nehmen Sie unbedingt Ihre Arbeitseinstellung mit – dann brauchen die Ärzte kein weiteres Narkosemittel!«

Doch noch schlimmer als ein Gewitter, das immerhin klare Fronten schafft, ist die drückende Schwüle des *unausgesprochenen* Verdachts. Ein solches Klima herrscht in unzähligen Firmen, so auch bei einem großen Maschinenbauer in Norddeutschland. Jeden Morgen strömen Hunderte von Mitarbeitern im Eingangsbereich auf kleine graue Kästen zu und wedeln mit ihrer Stempelkarte, bis der Kasten »piep« sagt. Nur wer sich einstempelt, ist offiziell da.

Wenn ein Mitarbeiter zwischendurch zum Zahnarzt muss oder seine Mittagspause um fünf Minuten verlängern will, strebt er wieder auf den *Piepmatz* zu. Und wie der Kasten die Mitarbeiter willkommen heißt, so verabschiedet er sie abends wieder. Immerhin sagt er zuverlässig »piep« – während die Rückmeldung der Chefingenieure, auch wenn man erwartungsvoll vor ihnen steht, nach Aussage etlicher Mitarbeiter noch monotoner ausfällt.

Aber beweist diese Piepshow schon, dass den Mitarbeitern misstraut wird? Ist sie gar eine Demütigung? Wer den morgendlichen Ansturm beobachtet, stellt fest: Nicht alle Mitarbeiter streben auf die Kästen zu – etwa jeder siebte schert aus der Reihe und nimmt, von neidischen Blicken begleitet, den direkten Weg in sein Büro. Natürlich handelt es sich um Führungskräfte, eine Gattung offenbar, der man blind vertrauen kann; sie sind von der lästigen Pflicht des Einstempelns befreit, schulden keine Rechenschaft über ihre Arbeitszeit.

Sogar den Mitarbeitern der oberen Tarifgruppen, die keine Führungsverantwortung tragen, bleibt das Einstempeln erspart – sie können ihre Arbeitszeiten am eigenen Computer erfassen.

In diesem Unternehmen, das sich für seinen liberalen Führungsstil rühmt, hält sich offenbar das mittelalterliche Modell der drei Stände. Nur, dass ganz oben, anstelle des Klerus, die Chefs stehen (natürlich auch mit dem Anspruch, unfehlbar zu sein!). In der Mitte residieren, statt des Adels, die gehobenen Fachkräfte. Und ganz unten fristen, stellvertretend für die Bauern, die Mitarbeiter ihr ebenso arbeitsreiches wie rechtearmes Dasein.

Natürlich würden Chefs diese Interpretation weit von sich weisen: »Es geht doch nicht darum, dass wir Führungskräfte früher nach Hause dürfen – es geht darum, dass die Überstunden in unserem Gehalt enthalten sind. Außerdem: Wollen Sie wirklich von einem gehobenen Manager erwarten, dass er sich morgens vor einem solchen Kasten anstellt?«

Nichts einzuwenden, wenn die Führungskräfte sich einen Kredit an Vertrauen einräumen. Aber wie heißt der Umkehrschluss? Doch wohl: Die Mitarbeiter sind *nicht* vertrauenswürdig. Sie würden sich drücken, wenn sie es nur könnten. Ihre Arbeitszeiten unterschreiten. Auf den Tennisplatz verschwinden. Niemals freiwillig Überstunden machen. Also bürdet man ihnen eine Hypothek des Misstrauens auf, nimmt sie an die Hundeleine der Kontrolle.

Der Stempelkasten macht morgens nicht nur »piep«, er flüstert den Mitarbeitern auch zu: »Big Brother is watching you – wir schauen dir auf die Finger, mach keine Dummheiten!«

Nichts einzuwenden, wenn man einem gehobenen Manager den unwürdigen Akt des Einstempelns ersparen will. Aber kann, was für einen Manager unwürdig ist, für einen Mitarbeiter würdig sein? Wie erklärt man zehn von ihnen, die gerade einstempeln, dass ein Manager, der so viel wie alle zusammen verdient, gruß- und stempelkartenlos an ihnen vorübermarschiert?

Die technischen Zeichner und Ingenieure reagieren auf ihre Weise, sie sagen hinter vorgehaltener Hand: »Ich schenke der Firma keine Minute!« Weil man sie auf die Minute kontrolliert, nehmen sie es auf die Minute genau.

Der Para-Neuchef

Er trieb es bunt, der neue Leiter des Stadtarchivs, so bunt, dass seine Mitarbeiter schon nach zwei Monaten einen Spitznamen für ihn erfanden: Sie nannten ihn *Para-Neuchef* – frei nach »Paranoia«, dem Fachbegriff für Verfolgungswahn.

Schon der Einstand des Archivleiters war höchst eigenwillig: Am zweiten Tag bat er seine Mitarbeiter zu Einzelgesprächen, darunter auch Margret Weinsand (57), als Historikerin seit zwölf Jahren im höheren Verwaltungsdienst für das Stadtarchiv tätig. Nach Small Talk und ein paar Fachfragen zur Erschließung von Daten kam der Chef zur Sache:
»Ich bin für klare Fronten: Waren Sie für mich – oder gegen mich?«
»Ich verstehe nicht.«
»Nun, es haben sich ja mehrere Kandidaten auf meine Stelle beworben.«
»Dazu kann ich nichts sagen, das läuft ja über die Personalabteilung und ...«
»Moment, Moment! Sie streiten also ab, dass es mehrere Bewerber gab.«
»Nein, da haben Sie mich falsch verstanden. Mir war schon klar, dass wohl mehrere Kandidaten ...«
»Sie verwickeln sich in Widersprüche! Erst behaupten Sie, nur ich hätte mich beworben. Jetzt nehmen Sie alles wieder zurück.«
»Aber nein, ich ...«
»Ich erwarte absolute Loyalität von Ihnen. Wer nicht für mich ist, ist gegen mich!«
Der Para-Neuchef war ein Meister darin, jeden Mitarbeiter als Brutus zu sehen, mit Dolch im Gewande. Wie andere Menschen Sanddorn pflücken, so sammelte er Beweisstücke gegen seine Mitarbeiter – und presste daraus den bitteren Saft des Verdachts. Margret Weinsand bekam das bald ein zweites Mal zu spüren, nach einer Dienstreise rief er sie zu sich. Sein Zeigefinger wedelte aufgeregt über einem Formular, seine Stimme war scharf wie eine Eisensäge: »Was, bitte schön, ist das?«

Die Historikerin kam einen Schritt näher und erkannte: »Das ist meine Reisespesen-Abrechnung.«
»Nein, das ist es nicht.«
»Sondern?«
»Das ist Spesenbetrug! Ich wiederhole: Spesenbetrug!««
Margret Weinsand war verwirrt: Was sollte daran »Betrug« sein? Sie hatte in der Landeshauptstadt an einem Podium teilgenommen und die gefahrenen Kilometer, wie seit Jahr und Tag, vom Tacho abgeschrieben. Ihr Neuchef schäumte: »Ich habe mit einem Routenplaner nachgerechnet: Sie haben zwölf Kilometer zu viel abgerechnet!« Den Hinweis auf eine Autobahn-Umgehung, die seit Wochen täglich in den Verkehrsmeldungen auftauchte, wies er barsch zurück: »Glauben Sie wirklich, ich halte Ihre Aussage für vertrauenswürdiger als den Routenplaner? Der bekommt kein Kilometergeld!«
Margret Weinsand wollte sich auf diese unwürdige Diskussion nicht einlassen: »Dann streichen Sie mir halt die paar lausigen Kilometer!«
»Damit geben Sie den Spesenbetrug zu!«
Mit fettem Rotstift wurden 12 mal 30 Cent, sprich stolze 3,60 Euro, von der Spesenabrechnung gestrichen.
Sein Misstrauen bekamen auch andere zu spüren. So war der Pressesprecher damit beauftragt worden, eine Konferenz zu organisieren, um den neuen Archivleiter den Journalisten vorzustellen. Neun Redakteure waren eingeladen; nur zwei tauchten auf. Der Para-Neuchef hatte wohl die Weltpresse mit Blitzlichtgewitter erwartet; seinen Auftritt vor fast leeren Rängen fand er gar nicht witzig.
Nach der Konferenz zischte er dem Pressesprecher zu: »Mich würde mal interessieren, was Sie den wichtigen Journalisten geboten haben, damit sie zu Hause bleiben! Ab jetzt werde ich

direkt mit der Presse sprechen – Ihr Monopol können Sie vergessen!«

Auch sonst riss der Para-Neuchef seinen Mitarbeitern die Fäden aus der Hand: Für eine interne Datenbank, die bislang allen zugänglich war, legte er täglich neue Passwörter an – »zum Schutz der Vertraulichkeit«, wie er sagte. Jeder Mitarbeiter, der Zugang wollte, musste beim Chef anklopfen. Dann bohrte der Archivleiter nach, ob auch wirklich »triftige Gründe« vorlagen. Ansonsten ließ er sie wie Bettler mit leerem Hut abblitzen.

Sein Verfolgungswahn legte sich wie ein Leichentuch über die Abteilung. Die Mitarbeiter, einst arbeitsfroh und gut gelaunt, hängten ihre Eigeninitiative morgens an die Garderobe und nahmen sie erst mit dem Feierabend wieder auf. Weil sie Angst hatten, das Falsche zu tun, taten sie überhaupt nichts mehr – ohne sich vorher den Segen des Chefs zu holen. Sie wollten etwas in der Hand haben, eine Quittung zu ihrer eigenen Sicherheit. Nicht einmal die Chefsekretärin wagte es mehr, Termine ohne Rücksprache zu machen (nachdem sie einmal für ihren »Terminterror« gegeißelt worden war).

Warum bloß reihte der Archivleiter so viele Verdachtsmomente aneinander, dass ganze Verdachtstage, -wochen, gar -jahre daraus wurden? Warum traute er seinen Mitarbeitern jeden Betrug und jede Schandtat zu? War es eine Projektion, schloss er aus der kriminellen Energie im eigenen Kopf auf den Rest der Welt? Sind nicht schon etliche Manager, die als Sheriffs durch die Firma ritten, später selbst durch Insidergeschäfte, Annahme von Schmiergeldern oder sonstige Betrügereien aus dem Sattel geflogen? Der englische Dichter William Shakespeare brachte es auf den Punkt: »Verdacht wohnt stets in einem schuldigen Gemüt; der Dieb scheut jeden Busch als einen Häscher.«

Die Legende vom Stehcafé

»Wenn ich Ihnen erzähle, was mein Problem ist, werden Sie an meinen Fähigkeiten als Führungskraft zweifeln.« Schon mit ihrem ersten Satz in der Karriereberatung hatte es die Werbeleiterin (40) eines Geschenkartikel-Herstellers geschafft, mich neugierig zu machen.

»Aus welchen Gründen sollte ich an Ihren Fähigkeiten zweifeln?«

»Weil meine Abteilung negativ auffällt. Ich fürchte, die Mitarbeiter spuren nicht so gut wie in den Nachbarabteilungen.«

Beim Wort *spuren* zuckte ich ein wenig zusammen: »Was verstehen Sie unter *spuren*?«

»Zum Beispiel, dass die Mitarbeiter am Nachmittag nicht zu lang mit ihren Kaffeebechern auf dem Gang stehen und sich unterhalten.«

»Das gemeinsame Kaffeetrinken ist für Sie verschwendete Arbeitszeit?«

»Für mich nicht. Aber neulich hat sich der Geschäftsführer tierisch aufgeregt, weil er lachende Menschen auf dem Flur traf, keine Stillarbeiter in den Einzelbüros. Er sagte: ›Machen Sie Ihren Leuten klar, dass unsere Firma kein Stehcafé ist – hier wird gearbeitet!‹«

»Bleibt denn Arbeit liegen, weil Ihre Mitarbeiter sich beim Kaffee unterhalten?«

Die Werbeleiterin verneinte. In ihrer Abteilung liefe alles rund. Die Informationen bewegten sich mit der Geschwindigkeit von Tennisbällen beim Aufschlag, blitzschnell und treffsicher. Die Abstimmung funktionierte bestens. Ob Texter oder Grafiker, Werbekaufleute oder Marketing-Experten: Jede Hand wusste, was die andere tat.

Wenn ein Texter mit seiner Idee für einen Slogan nicht weiterkam, grübelte die ganze Abteilung. Wenn ein Grafiker eine Fotoidee suchte, mailten ihm die Kollegen Vorschläge. Wenn eine Werbeassistentin ihren Urlaubsantrag einreichte, hatte sie sich schon längst um Vertretung gekümmert. Und wenn jemand einmal wirklich feststeckte, wandte er sich vertrauensvoll an die Chefin.

Gab es einen Grund, an den Führungsfähigkeiten dieser Werbeleiterin zu zweifeln? Gab es Anlass, ihr schlaue Ratschläge zur Disziplinierung ihrer Mitarbeiter zu erteilen? Im Gegenteil! Doch die Rückmeldung des Geschäftsführers hatte sie, die instinktiv alles richtig machte, gründlich verunsichert. Für den nächsten Beratungstermin gab ich ihr auf: »Spielen Sie doch einmal Mäuschen auf dem Flur: Worüber unterhalten sich Ihre Mitarbeiter in den ausgedehnten Kaffeepausen?«

Fröhlich berichtete die Werbeleiterin beim nächsten Treffen: »Manchmal fangen die Gespräche mit etwas Privatem an, mit Fußball, mit Mode, mit Urlaubsplänen. Aber jedes Mal kommen sie auf die Arbeit zurück. Gerade wenn die Mitarbeiter länger auf dem Flur stehen, diskutieren sie meist über Arbeitsfragen – und kommen sogar vorwärts dabei.« Diese Beobachtung wird jeder, der auf einem Firmenflur die Ohren spitzt, sofort unterschreiben können. Sogar bei privaten Treffen ist die Arbeit oft beherrschendes Thema.

Die Mitarbeiter tauschen sich in lockerer Runde aus, woran sie gerade arbeiten, welche Macken die einzelnen Kunden haben, welche Trends in ihrer Branche heraufziehen. Je mehr solcher Informationen fließen, desto besser greifen die Räder ineinander.

Nicht umsonst hat der amerikanische Unternehmensberater Peter Senge schon vor Jahren das Modell der *Lernenden Organisation* entwickelt. Danach findet sich das wichtigste Wissen für ein Unternehmen nicht in Seminaren, in Managementbüchern, bei neunmalklugen Unternehmensberatern – sondern in den Köpfen der Mitarbeiter.

Allerdings: Kein Einzelner hat das absolute Wissen gespeichert; jeder besitzt nur einen Puzzlestein. In Firmen, wo die Mitarbeiter still vor sich hin schuften, kommen diese Puzzlesteine nie miteinander in Berührung. Zusammenhänge bleiben unklar, Innovationen werden gehemmt, Missverständnisse wuchern wie Unkraut.

Wenn es einem Chef jedoch gelingt, das Einzelwissen der Mitarbeiter zu vernetzen, sie ihre Puzzlesteine zusammensetzen zu lassen, dann kommt das Unternehmen vorwärts. Peter Senge fand auch heraus: Ein großer Teil dieses Wissens fließt nicht auf dem offiziellen Weg, nicht bei Meetings, bei Workshops oder in Arbeitsbeschreibungen – er fließt beim »informellen Austausch«. Zum Beispiel, wenn die Mitarbeiter mit ihren Kaffeetassen auf dem Flur stehen.

Etliche Führungskräfte wollen das nicht wahrhaben. Sie nehmen die Herkunft des Wortes »Arbeit« immer noch zu wörtlich; es stammt vom germanischen »arba«, also von »Knecht«. Sie wollen ihre Mitarbeiter schwitzen sehen, wollen sie stöhnen hören, akzeptieren nur den gebeugten Gang als Beweis, dass einer Arbeitsberge schultert. Jeden Schluck Kaffee, den die Mitarbeiter gemeinsam trinken, sehen sie als Gift für die Arbeitsmoral. Und jedes Lachen auf dem Flur scheint zu belegen, dass die Mitarbeiter ihre Arbeit nicht ernst nehmen. Dabei zeigen diverse Untersuchungen, dass der Geschäftserfolg mit der Stimmung an den Arbeitsplätzen steigt.

Vielleicht sollte sich die Werbeleiterin mit ihrem Geschäftsführer einmal über diese Studien unterhalten. Beim Kaffee? Warum nicht!

Bildungs-Würger

Kaum ein Chef streitet das ab: Sobald eine Fortbildung zu vergeben ist, geht ein Ruck durch die Belegschaft. Die Gesichter hellen sich auf, die Arme schnellen hoch, die Zahl der Freiwilligen ist enorm. Wie erklärt sich dieses Engagement? Kann es sein, dass Mitarbeiter eben doch Mitdenker sind, einsatzfreudig und vorausschauend? Dass sie heute schon können wollen, was die Firma morgen braucht?

»Nein, nein«, winkt der typische Manager ab, wenn man abends an der Hotelbar mit ihm über dieses Thema plaudert (natürlich im Anschluss an ein Seminar, das er selbst besucht hat!). Den Fortbildungshunger der Mitarbeiter sieht er eher so:

- Wer die Auswahl hat, bei der Arbeit oder in der Sauna des Fünf-Sterne-Fortbildungshotels zu schwitzen, dem fällt die Entscheidung nicht schwer.
- Wer beim Blick in seine Bewerbungsmappe *nicht* einen Grund entdeckt, warum ihn eine andere Firma einstellen könnte, erschleicht sich diesen Grund vom treudoofen Arbeitgeber: ein Fortbildungszertifikat.
- Sagt das Wort *Fort*bildung nicht alles? Die Mitarbeiter wollen sich nicht bilden, sie wollen *fort* aus der Firma sein. Deshalb spricht man auch von Bildungs*urlaub*.

Diese Vorurteile bekommen viele Mitarbeiter zu spüren, gerade in kleinen und mittelständischen Unternehmen: Ihre Fortbildungswünsche werden wie unsittliche Anträge behandelt, also abgeschmettert, aufgeschoben oder vom Chef mit einem rhetorischen Tiefschlag beantwortet: »Und ich dachte, Ihre Arbeit lastet Sie aus!«

In dieser Frage beweisen etliche Führungskräfte einen Horizont, gegen den ein Bierdeckel das reinste Flächenland ist:

»Wir haben im Moment so viel zu tun, dass die Zeit für Fortbildungen fehlt.« Man fühlt sich an jenen Mann erinnert, der sich stundenlang mit einer unscharfen Säge an einem Baum abmüht, doch den Vorschlag, seine Säge zu schärfen, beantwort mit: »Dafür habe ich keine Zeit.«

Was kostet mehr Zeit: Wenn der Mitarbeiter jeden Brief seiner russischen Zweigstelle erst mal zum Übersetzer bringen muss – oder wenn er die russische Sprache lernt? Wenn der Verkäufer aufgrund mangelnder Rhetorik fünf Termine braucht, bis er ein Produkt an den Mann bringt – oder wenn er, gut geschult, bei jedem dritten Termin erfolgreich ist? Wenn die Belegschaft die Hälfte des Tages damit beschäftigt ist, sich gegenseitig die neue Software zu erklären (und das über ein halbes Jahr lang!) – oder wenn eine dreitägige Schulung alle fit macht?

Die Architektin Hilde Gerke (46) aus Frankfurt bekam den Fortbildungsgeiz zu spüren. Schon in den 1990er Jahren, als Erdwärme und Solarenergie noch in den Kinderschuhen steckten, bat sie ihren Chef um Fortbildungen zu diesem Thema. Der lehnte ab: »Dieser moderne Kram beschäftigt nur die Fachpresse – bei den Kunden ist das nicht gefragt!«

Weitere Vorstöße der Architektin, mit Hinweis auf die steigende Nachfrage, konnten den Standpunkt des Chefs kaum erschüttern: »Warten Sie doch mal ab, bis wir eine solche Anfrage haben! Dann sprechen wir wieder.«

Eines Tages stand schließlich ein Investor auf der Matte und bat um Entwürfe für eine Serie von Null-Energie-Häusern. Der Büroinhaber strahlte bis über beide Ohren, holte Hilde Gerke hinzu und stellte sie, ohne rot zu werden, als »unsere Expertin für Energiespartechnik« vor.

Der Investor zeigte sich bestens informiert über Photovoltaik-

Anlagen, Wandheizungen und Wärmeböden. Schon nach ein paar Fragen musste ihm auffallen, dass seine Ansprechpartnerin nur ein oberflächliches Wissen zum Thema mitbrachte. Nach einer halben Stunde verabschiedete er sich freundlich – und wanderte mitsamt seinem Auftrag zur Konkurrenz.

Der Inhaber zeigte sich enttäuscht über seine Mitarbeiterin: »Jetzt reden Sie schon seit Jahren von diesen Themen. Da habe ich doch gedacht, Sie verstehen auch etwas davon.« Ein schlechtes Gewissen hatte er offenbar doch; den nächsten Fortbildungswunsch segnete er ab.

Tatsächlich werden Fortbildungen oft nach dem Feuerwehr-Prinzip vergeben: Man löscht erst, wenn es brennt. Wenn Abläufe stocken, Innovationen ausbleiben, Techniken zusammenbrechen, Kunden davonlaufen, kurz: wenn der Schaden schon entstanden ist und wenn es sich wirklich nicht mehr vermeiden lässt.

Dabei weiß ein Mitarbeiter selbst am besten, welches Wissen er (in Zukunft) an seinem Arbeitsplatz braucht – gerade heute, da die Spezialisierung voranschreitet und kein Chef mehr den fachlichen Mikrokosmos der einzelnen Arbeitsplätze überblicken kann. Es geht darum, »Veränderungen (…) mit ebenso viel Elan anzustreben, wie wir sie in der Vergangenheit bekämpft haben«, sagt der amerikanische Management-Guru Tom Peters.

4. Um Schlips und Kragen reden

Seit das Orakel von Delphi schweigt, haben die Chefs das Wort: Sie reden in Rätseln, unverdaubar und undurchschaubar. Wenn sie überhaupt reden – und nicht gleich brüllen! Die Wahrscheinlichkeit, dass ein Mitarbeiter seinen Chef versteht, liegt weiter unter null als die Temperatur am Nordpool. Ebenso frostig ist das Arbeitsklima. Hier lesen Sie unter anderem ...

- warum Chefs nie sagen, was sie meinen, und nie meinen, was sie sagen;
- wie ein computergläubiger Bankmanager ein Mitarbeitergespräch in den virtuellen Raum verlegen will;
- und warum die Ritter der Schwafelrunde bei ihren Chefmeetings den Mitarbeitern die Tür stets vor der Nase zuschlagen.

Wenn der Chef in Rätseln spricht

Lag es an ihm, dem Assistenten Peter Urban (26), oder an seinem Chef (55), dem Vorstand eines Halbleiterherstellers? Fest stand: Sie redeten dauernd aneinander vorbei! Was der Chef sagte, war nicht so gemeint. Was der Mitarbeiter zu verstehen meinte, war nicht so gesagt. Diese Kommunikations-Pannen standen im Mittelpunkt einer Karriereberatung.

»Nennen Sie mir mal ein Beispiel für ein Missverständnis«, bat ich.

»Kein Problem!«, sagte Urban. »Neulich schneit der Chef kurz vor Feierabend in mein Büro: ›Kümmern Sie sich bitte um diese Auftragsanalyse. Muss heute nicht mehr sein.‹ Ich denke natürlich: Der Vorgang hat Zeit.«

»Hatte er Zeit?«

»Am nächsten Morgen um 10.30 Uhr ist ihm der Kragen geplatzt. Weil ich noch nicht fertig war. ›Nicht mehr heute‹ hieß: ›Spätestens morgen früh!‹ Warum sagt er das nicht gleich?«

»War das ein Extrembeispiel?«

»Schön wär's! Einmal fragt er mich im Zuckerton: ›Haben Sie mal einen Augenblick Zeit für mich?‹ Ich sage ehrlich, weil ich gerade die Finanzbuchhaltung auswerte: ›Jetzt passt es schlecht.‹ Er schaut mich an, bekommt einen roten Schädel und brüllt: ›Sie werden mich noch kennenlernen!‹«

»Diese Reaktion kam überraschend für Sie?«

»Weil ich naiv war. Heute ist mir klar: ›Haben Sie mal einen Moment Zeit‹ meinte: ›Strammgestanden! Alles liegenlassen! Chefaufträge haben Vorfahrt!‹«

»Ihr Chef erwartet, dass Sie die Bedeutung seiner Worte erraten?«

»So empfinde ich das. Einmal mache ich einen Vorschlag, wie sich das Projektcontrolling verbessern lässt. Er sagt knapp: ›Das kann man so sehen.‹ Ich werte das als seine Zustimmung und setze den Vorschlag fröhlich um.«

»Mit dem Ergebnis ...?«

»... dass der Chef mir aufs Dach gestiegen ist! ›Das kann man so sehen‹ hatte er zwar gesagt – aber in Klammern wohl dazu gedacht: ›... sofern man ein blinder Trottel ist. Ich sehe das völlig anders!‹ Warum spricht er nicht Klartext?«

»Vielleicht aus Höflichkeit?«

»Ach was! Gerade seine Heuchelei beleidigt mich. Wie neulich, als ich an der Soll-Ist-Analyse saß. Er sagte: ›Sie arbeiten wieder mal sehr gründlich.‹ Eine halbe Stunde später ist er ausgeflippt: ›Sind Sie immer noch nicht fertig?!‹«

»Wie interpretieren Sie das?«

»›Sehr gründlich‹ war kein Kompliment, wie ich naiv dachte, es hieß wohl: ›Schneller, du Schnecke!‹«

»Was löst diese verschlüsselte Kommunikation in Ihnen aus?«

»Ich fühle mich unsicher. Als würde mein Chef eine Fremdsprache sprechen, und es gibt kein Wörterbuch. Manchmal sehe ich beim Übersetzen vielleicht schon Gespenster.«

»Gespenster?«

»Vor ein paar Tagen hat er mir ein Projektcontrolling übertragen. Er sagte: ›Diese Aufgabe erfordert Weitblick und betriebswirtschaftliche Kenntnisse, das traue ich nur Ihnen zu.‹ Nun frage ich mich: War das wirklich ein Kompliment? Oder sollte es heißen: ›Der Dümmste, den ich hier finden kann, bist du! Darum schlägt diese langweilige Arbeit bei dir auf!‹«

Solche Kommunikations-Unfälle sind kein Einzelfall. Viele Chefs übertreffen locker das Orakel von Delphi: Sobald sie den Mund aufmachen, sind alle Klarheiten beseitigt. Sie streuen Andeutungen, sprechen zwischen den Zeilen, schwelgen in Doppeldeutigem und werfen mit englischen Modevokabeln um sich. Sie sagen alles, nur nicht das, was sie meinen. Die Mitarbeiter sollen ihnen jeden Wunsch von den Lippen ablesen, am liebsten auch solche, die dort gar nicht stehen.

Was dem Wahrsager die Kugel, ist dem Mitarbeiter sein Chef! Böse Zungen sagen: Die Zahl der täglichen Missverständnisse hat fast so viele Nullen wie die deutschen Chefetagen. Also eine Zahl von unvorstellbarer Größe …

Aber ist es nicht ungerecht, den Chefs die alleinige Schuld in die Schuhe zu schieben, gehören zum Missverstehen nicht

immer zwei? Kann schon sein, aber: Nicht die Mitarbeiter werden in erster Linie fürs Führen und Kommunizieren bezahlt – sondern die Chefs. Nicht die Mitarbeiter belegen teure Seminare in Rhetorik und Kommunikation – sondern die Chefs. Und nicht der sechsundzwanzigjährige Vorstandsassistent Peter Urban sollte für seine Position jahrelange Kommunikationserfahrung mitbringen – sondern sein Chef, der doppelt so alte und ungleich besser bezahlte Vorstand.
Falls Sie Chef sind und bei der Lektüre dieser Worte energisch den Kopf schütteln: Lesen Sie es bitte noch einmal. Vielleicht handelt es sich ja nur um ein Missverständnis zwischen uns!

Das jüngste Gerücht

Hier lag was in der Luft, gar kein Zweifel! Die Mitarbeiter des Autoindustrie-Zulieferers hatten die letzten Wochen etwas beobachtet: Die Flotte der Vorstandslimousinen auf dem Hausparkplatz war auffallend oft komplett, wie sonst nur vor Aufsichtsratssitzungen. Gehobene Führungskräfte tuschelten in der Kantine, ließen sich Geschäftszahlen ausdrucken, hetzten außerordentlich gut gekleidet über die Gänge. Und wann immer sie in den Fahrstuhl stiegen, drückten sie den obersten Knopf: Geschäftsleitungsetage. Im siebten Stock brannte das Licht bis nach Mitternacht, wie die Wachleute berichteten.
Hier lag was in der Luft! Aber was? Standen Entlassungen an? Sollte die Firma verkauft werden? Eine Fusion? Eine Standortverlagerung nach Osteuropa? Die Gerüchteküche brodelte, die Mitarbeiter waren tief besorgt. Über ihren Köpfen, oben im siebten Stock, braute sich etwas zusammen.
Allmählich fiel auf: Neben den Fahrzeugen der Geschäfts-

leitung parkten immer öfter Limousinen mit Kennzeichen, die glasklar auf den Standort eines Wettbewerbers schließen ließen. Ein paar Telefonate mit alten Kollegen, dann war klar: Beide Firmen schienen über eine Fusion zu verhandeln. Dieses Gerücht drang bis zum letzten Azubi vor.

Ein Ingenieur der Elektroabteilung sprach bei der internen Wochensitzung den Bereichsleiter an: »Was ist eigentlich dran an den Fusionsgerüchten?« Der Chef schüttelte energisch den Kopf: »Gar nichts ist da dran, wir sprechen nur über die strategische Aufstellung!«

Eine Woche später wurde es offiziell: Fusion beschlossen! Die Mitarbeiter fühlten sich für dumm verkauft. Wie Randfiguren im eigenen Unternehmen behandelt. Diese Fusion war nicht mit ihnen, sie war hinter ihrem Rücken ausgeheckt worden. Sollten sie wieder einmal die Zeche zahlen, etwa durch Entlassungen? Und erwartete die Geschäftsleitung ernsthaft, dass sie diese Fusion im Alltag mit ganzer Kraft umsetzen würden – statt sie nach Kräften zu blockieren?

Beide Chefebenen, der direkte Vorgesetzte und die Geschäftsleitung, hatten bei ihrer Informationspolitik die Feinfühligkeit von Panzerketten bewiesen. Der direkte Vorgesetzte log, statt möglichst ehrlich zu sein. Warum sagte er nicht: »Die Geschäftsleitung hat mir untersagt, über Details zu reden. Aber ich sehe, dass Sie über eigene Informationen verfügen. Ich verspreche Ihnen: Sobald etwas spruchreif ist, etwa in vierzehn Tagen, komme ich auf Sie zu.« Dafür hätten die Mitarbeiter Verständnis gehabt; für eine Schwindelei hatten sie es nicht. Das Band des Vertrauens war gerissen.

Und wie passt es zusammen, dass die Geschäftsleitung jeden Monat einen »Firmenreport« herausgibt, angeblich um die Mitarbeiter »über alle relevanten Zukunftsthemen zu informieren« – und jetzt, da ein wirkliches »Zukunftsthema« zur Debatte stand, ausgerechnet die Mitarbeiter ausgrenzte?

Hätten die Oberbosse nicht ahnen müssen, dass die Mitarbeiter eins und eins zusammenzählen können? Wäre es nicht klüger gewesen, die Belegschaft rechtzeitig ins Vertrauen zu ziehen und die Experten der einzelnen Abteilungen an der Fusionsentscheidung zu beteiligen?

Unter kleinen Kindern ist das Spiel »Ich sehe was, was du nicht siehst!« beliebt. Chefs spielen mit der Belegschaft gern »Ich weiß etwas, was du nicht weißt!«. Sie platzen fast vor Wichtigkeit, wenn sie Informationen haben, nach denen sich der Mitarbeiter vergeblich streckt.

Gerade Geschäftsleitungen sind oft von krankhaftem Misstrauen beherrscht: Etliche Mitarbeiter mittelständischer Unternehmen kennen den Firmengewinn, für den sie selbst Jahr für Jahr schuften, ebenso wenig wie die Lottozahlen vom nächsten Samstag! Das ist so, als würde man einem Bundesligaspieler die Information verweigern, auf welchem Tabellenplatz seine Mannschaft steht. Bestenfalls bekommen die Mitarbeiter Halbwahrheiten serviert, von denen sie womöglich noch die falsche Hälfte glauben.

Die Wissenschaftler Jordi Brandts und David Cooper fanden in einem Experimentallabor heraus: Die Motivation der Mitarbeiter ließ sich durch zusätzliche Bezahlung kaum steigern, durch zusätzlichen Austausch mit dem Chef aber um ein Vielfaches. Je öfter, je freundlicher und je empathischer die Chefs mit ihren Angestellten kommunizierten, desto besser lief die Arbeit.

Aber was geschah, wenn die Manager sich hinter einer Schweigemauer verschanzten (so wie die Bosse des Autozulieferers)? Dann ging es erst mit der Arbeitsmoral, dann mit den

Gewinnen abwärts: Volle Fahrt in die Pleite! Offenbar ist die Art, wie Chefs mit ihren Mitarbeitern kommunizieren, und die Frage, ob sie es überhaupt tun, für den Erfolg einer Firma entscheidend.

Zusammenstoß beim Mail-Verkehr

Die Bankkauffrau Juliane Gerster (42) saß fassungslos vor ihrem Computer. Konnte das wahr sein? Wochenlang hatte sie ihren Abteilungsleiter um das überfällige Jahresgespräch gebeten. Wochenlang hatte der sie vertröstet und kaum eines Blickes gewürdigt. Und nun schrieb er endlich eine E-Mail, Betreff »Mitarbeitergespräch«:

»*Liebe Frau Gerster,*

da mein Terminkalender sehr eng ist, schlage ich vor, dass wir Ihre Jahresziele diesmal per Mail abstimmen und vereinbaren. Können Sie mir mal in kurzen Sätzen mailen, welche Ziele Sie sich vorstellen? Ich werde Ihnen dann einen Vorschlag unterbreiten.«

Nun sollte also auch das Jahresgespräch, der wichtigste aller Termine, vom Chefbüro in den virtuellen Raum verlegt werden! Die Mitarbeiterin ärgerte sich maßlos. War ihre Gegenwart denn so schrecklich, dass der Chef ihr auswich wie der Vampir dem Knoblauch?

Schon bei seinem Antritt als Leiter des Privatkundengeschäftes 2002 hatte ihr Chef seine Vorliebe für die »moderne« Kommunikation bewiesen. Nur die Mitarbeiter seiner eigenen Abteilung begrüßte er per Handschlag. Den üblichen Rundgang durchs Haus schenkte er sich; die anderen Kollegen bekamen eine Rundmail, mit Digitalfoto. Das sollte genügen.

Mit ihrem früheren Chef hatte sich Juliane Gerster einmal pro

Woche zusammengesetzt, um Kreditanträge, Zinskonditionen und sonstige Kundenanliegen zu besprechen. Ihr neuer Chef, der von einem Online-Broker kam, schlug einen »effektiveren Weg« vor: »Lassen Sie uns auf lange Reden und kurzen Sinn verzichten – wir stimmen die Vorgänge per E-Mail ab. Schicken Sie mir einfach Ihre Fragen.«

Die Antwort-Mail kam prompt. »Mail« war eine Übertreibung: Der Chef fügte, statt einen Text zu schreiben, in die Kopie ihrer Original-Mail kurze Anmerkungen in roter Schrift hinter den Fragen ein: »Machen wir!«, »Nein!«, »Bis zum Jahresende schieben«, »Herrn Maier fragen!«. Wie er zu seinen Entscheidungen kam und was genau sie Herrn Maier fragen sollte? Keine Ahnung! Und die Lust, in einer weiteren E-Mail nachzufragen, hatte ihr diese Antwort des Chefs gründlich verdorben.

Eines Tages hatte sie den Sonderwunsch eines schwierigen Kunden abgelehnt, worauf dieser erbost ihren Chef anschrieb. Die E-Mail des Kunden leitete der Vorgesetzte nun an sie weiter. Erstmals hatte er sich dabei die Mühe gemacht, einen längeren Text zu schreiben, sogar mit förmlicher Anrede. Ein streberhafter Aufsatz über den Sinn der Kundenfreundlichkeit.

Den Grund, warum ihr Chef sich beim Schreiben so ins Zeug gelegt hatte, entdeckte sie bei einem Blick auf das »CC«: Der Leiter des Kundenservice und zwei Mitglieder der Geschäftsleitung standen im Verteiler! Diese Herrschaften waren offenbar die heimlichen Adressaten; ihr Vorgesetzter wollte sich durch einen Schauprozess profilieren.

Sie tippte eine Antwort, mit selbem Verteiler, verteidigte ihr Vorgehen. So entbrannte ein grotesker Schlagabtausch per Mail, und der Chef hatte natürlich das letzte Wort. Ihr Image wurde angekratzt, ihre Motivation zertreten.

Immer mehr Führungskräfte sehen das persönliche Gespräch mit ihren Mitarbeitern wie eine mechanische Schreibmaschine: als entbehrlich, altmodisch, ineffizient. Immer mehr Führungskräfte schauen beim Kommunizieren lieber auf den Bildschirm als in die Augen ihrer Mitarbeiter.

Aber stimmt es nicht, dass sich Informationen per Mail viel effizienter austauschen lassen? Stimmt es nicht, dass der Absender weniger abschweift, der Empfänger weniger vergisst als bei der mündlichen Absprache? Außerdem, sagen Chefs, ist der Computer eines Mitarbeiters um neun Uhr abends noch ansprechbar, der Mitarbeiter selbst aber Stunden vorher in den Feierabend geflüchtet. Wer so argumentiert, übersieht eine Kleinigkeit: Bei der Kommunikation handelt es sich so wenig um einen reinen Austausch von Informationen, wie ein Trinkgelage der reinen Flüssigkeitszufuhr dient.

Kommunikationsforscher sagen: In einem Gespräch kommt es zu 90 Prozent auf die Tonlage, die Gestik und die Mimik an – und nur zu 10 Prozent auf den Inhalt. Die Emotion macht den Ton, und schon François de La Rochefoucauld wusste: »Vertrauen gibt dem Gespräch mehr Stoff als Geist.«

Wenn ein Chef gegenüber einem Mitarbeiter den Satz »Geht das auch ein bisschen schneller« verwendet, kann das, je nach Betonung, eine höfliche Frage, ein leichter Klaps oder ein fulminanter Tritt in den Hintern sein. Bei einer schriftlichen Kommunikation kommt im Zweifel nur Letzteres an. Der Schriftweg macht die Wörter oft härter, dramatischer, endgültiger.

Der Glaube zahlloser Führungskräfte, per E-Mail besser kommunizieren zu können als mündlich, sagt viel über ihre Selbsteinschätzung, aber noch mehr über ihr Mitarbeiterbild aus: Sie verhalten sich so, als hätten sie es mit Maschinen zu tun.

Man tippe auf die richtige Buchstabenkombination, drücke die Enter-Taste – und schon sind die Mitarbeiter programmiert und funktionstüchtig.

Dass wertschätzende Kommunikation auf Gesprächen basiert, dass Mail-Fluten mit Riesenverteiler der reinste Sand im Arbeitsgetriebe sind und dass sich der emotionale Hunger von Menschen per Mail so wenig stillen lässt wie der Hunger vorm Mittagessen durch Computer-Menüs: Diese Erkenntnisse werden weggeklickt wie aufblinkende Anzeigen im Internet.

Als ich Juliane Gerster sprach, dachte sie gerade über ihren Wechsel in eine andere Abteilung nach. Trotzig sagte sie: »Aber diese Nachricht bekommt er dann nicht per E-Mail – das will ich ihm ins Gesicht sagen!«

Irrlichter der Rhetorik

Im Seminarraum hatte sich eine hochkarätige Runde versammelt: Manager aus allen Zweigen der Wirtschaft wollten in zwei Tagen ihr »Kommunikationsverhalten bei der Mitarbeiterführung optimieren« (wie es die Broschüre des Veranstalters versprach). Die erste Aufgabe des Tages war eine Präsentation:

»Geben Sie ein Beispiel für eine streitbare Entscheidung, die Sie gefällt und gegenüber Ihren Mitarbeitern vertreten haben. Wie lief der Entscheidungsprozess ab? Wie fielen die Reaktionen Ihrer Mitarbeiter aus? Wie sind Sie damit umgegangen?«

Hektisch zückten die Führungskräfte ihre Schreibblocks, kritzelten Stichwörter und traten dann der Reihe nach ans Flipchart. Der »Market Research Manager« eines Pharmaunternehmens, ein hagerer Typ mit roter Krawatte, machte den

Anfang: »Also, wenn ich eine Entscheidung fälle, etwa über eine neue Studienmethodik, dann habe ich natürlich eine Zielrichtung. Aber ich drücke den Mitarbeitern meinen Willen nicht auf, ich nehme sie durch einen Diskussionsprozess mit.«

Lustvoll beschrieb er, mit welchen Frage- und Überzeugungstechniken er die Mitarbeiter stets auf seine Seite zog. Er pries die Vorzüge der »humorvollen Argumentation«, durch die sich Mitarbeiter »viel, viel leichter als mit Härte« überzeugen ließen. Sein Beispiel einer heiteren Suggestivfrage an Mitarbeiter: »Sie wollen doch nicht, dass Ihre Studienidee zu einem Plagiatsvorwurf jenes Wettbewerbers führt, den wir selbst kopieren wollen – nicht wahr?« Die Managerkollegen lachten und klatschten entzückt in die Hände.

Die anderen zogen nach, alle öffneten ihre rhetorische Trickkiste, schilderten die besten Argumentations- und Fragetechniken, mit denen sie die Mitarbeiter auf ihre Seite zogen. Ein Callcenter-Leiter schwärmte von der »paradoxen Wirkung des Appells«: »Wenn Sie zwei Entscheidungsmöglichkeiten haben und trotzige Mitarbeiter den Prozess blockieren, plädieren Sie für die schlechtere Möglichkeit – ich wette: Ihre Mitarbeiter tendieren automatisch zur anderen. Dann brauchen Sie bloß noch zuzustimmen.«

Hier sprachen keine Management-Rambos, sondern moderne Führungskräfte mit kooperativen Ambitionen. Und doch ging es offenbar nicht um gelebte Demokratie, um das wahrhafte Einbeziehen der Mitarbeiter; es ging eher darum, den Mitarbeitern *das Gefühl* der Mitsprache zu geben. Die im Kopf bereits gefällten Entscheidungen sollten auf diese Weise legitimiert werden – Autorität mit demokratischem Anstrich.

Warum begaben sich die Führungskräfte nicht offen in eine

Diskussion? Warum wollten sie lediglich ihre bereits gefällten Beschlüsse verkaufen wie Staubsauger beim Haustürgeschäft?

Doch einer der Chefs, der letzte, der ans Flipchart trat, sah die Sache ganz anders. Der Produktmanager von Anfang sechzig, silberlockig und solargebräunt, zeigte sich verwundert über die Kollegen: »Viele von Ihnen haben bei ihren Entscheidungen mit Widerspruch zu kämpfen. Das hatte ich bis vor einigen Jahren auch. Aber mittlerweile habe ich es geschafft, dass meine Mitarbeiter wie ein Mann hinter mir stehen.«

Es wurde still im Raum. Alle wollten das Erfolgsrezept hören. Er begann mit einem Vergleich: »Stellen Sie sich vor, Ihre Kinder laufen immer wieder mit schmutzigen Schuhen ins Haus. Nun haben Sie zwei Möglichkeiten: Sie führen jahrelange Diskussionen mit ganz viel Widerspruch. Oder Sie hauen zwei- oder dreimal kräftig auf den Tisch. Und dann wird die Kommunikation leichter, denn die Spielregeln sind klar.«

Als »Kinder mit den schmutzigen Schuhen« sah er offenbar seine Mitarbeiter. Stolz schilderte er zwei wichtige Entscheidungen zu Produktlinien, die er zu Anfang seiner Tätigkeit gegen den ausdrücklichen Willen der Mitarbeiter durchgefochten hatte: »Ich wollte mich als Alphatier profilieren. Und das ist mir auch gelungen.«

Den Beweis blieb er nicht schuldig: »Wenn ich heute eine strittige Entscheidung in den Raum stelle, regt sich kein Widerspruch. Meine Mitarbeiter stimmen zu, sind schnell überzeugt. Kein trotziger Protest, keine langen Diskussionen. Die stehen wie eine Wand hinter mir.«

Die Chefkollegen applaudierten. Nur der Seminarleiter fragte nach: »Wie steht es mit der Eigeninitiative Ihrer Mitarbeiter: Bringen sie viele Ideen ein?«

»Nein, die Abteilung ›Ideen‹« – er tippte schmunzelnd an seinen Kopf – »befindet sich hier!«
»Wann sind Sie zuletzt von einem Mitarbeiter kritisiert worden.«
Der Produktmanager kratzte sich an der Schläfe, zuckte mit der Schulter: »Meine Mitarbeiter sind offenbar so zufrieden, dass es nichts zu meckern gibt.«
Da stand eine Führungskraft, die einen Friedhof verwaltete und die Stille auch noch für ein gutes Zeichen hielt! Was dieser Chef beschrieb, waren die klassischen Zeichen innerer Kündigung: Die Mitarbeiter nahmen alle Entscheidungen wie Schicksalsschläge hin. Sie redeten nicht mehr mit, bäumten sich nicht mehr auf, ergaben sich nur noch. Ihr Schweigen war keine Zustimmung, wie es ihr Chef wertete, es war Verweigerung.
Ein Hauptgrund für innere Kündigung sind Führungsfehler. Wo es an offener Kommunikation und freundlicher Zuwendung fehlt, an Rückmeldungen und Entwicklungsmöglichkeiten, dort resignieren die Mitarbeiter.
Diskussionen sind der »Übungsplatz des Geistes«, sagt der amerikanische Politologe Richard Wiggins. In Firmen, wo keiner dem Chef widerspricht, ist der Geist erschlafft.

Die Ritter der Schwafelrunde

»Eine Sache wollte ich noch mit Ihnen klären!«, ruft die junge Juristin verzweifelt, während ihr Chef aufspringt, das Jackett zuknöpft, ein Aktenbündel schnappt und im Tempo eines Dauerläufers die Tür ansteuert. Das Letzte, was sie von ihm hört: »Sprechen Sie mich nach dem Meeting an.«
Erfahrene Mitarbeiter wissen: Nach dem Meeting ist vor dem

Meeting! Einen Chef erkennt man im Zweifel daran, dass er gerade ...
* ... in ein Meeting rennt (und deshalb keine Zeit hat).
* ... aus einem Meeting kommt (und deshalb keine Zeit hat).
* ... in einem Meeting sitzt (und deshalb erst recht keine Zeit hat).

Der dritte Fall ist am wahrscheinlichsten, denn die Zeitfenster zwischen den Meetings sind schmal wie Türschlitze; für Nebensächlichkeiten wie die eigentliche Arbeit, also die Mitarbeiterführung, bleibt kaum Zeit.

Die Zahl der Meetings ist unbegrenzt, nicht aber die Zahl der Teilnehmer: Einfache Mitarbeiter haben am Konferenztisch so wenig verloren wie ein Paar Stiefel auf dem Altar. Hier treffen sich vor allem Manager und alle, die sich, bloß weil sie eingeladen sind, für Manager halten.

Diese Ritter der Schwafelrunde fällen wichtige Entscheidungen traditionell im Alleingang, ohne Rücksprache mit dem gemeinen Fußvolk. Warum sollte man auch, wenn eine Verkaufsstrategie diskutiert wird, einen einfachen Vertriebsmitarbeiter um seine Meinung fragen? Warum sollte man, wenn es um Kundenfreundlichkeit geht, einen schlichten Kundenberater einbeziehen? Und warum sollte man, ehe neue Lastwagen gekauft werden, die Fahrer um ihre Einschätzung bitten?

Oben wird gedacht, unten wird gemacht! Oder auch nicht, denn oft lassen die Mitarbeiter solche Entscheidungen am ausgestreckten Arm verhungern. Man kann sich vorstellen, wie die Lkw-Fahrer reagieren, wenn die Chefs mal wieder den pannenanfälligsten Wagen ausgesucht haben (wovor die

Fahrer, durch Kollegen informiert, sofort hätten warnen können!). Dann kann es aus Rachelust schon mal passieren, dass eine Mini-Panne auf die Länge eines Meetings ausgedehnt wird. Unter vier Stunden geht nichts!

Einen Feind teilen die Ritter der Schwafelrunde mit den Lkw-Fahrern: den Sekundenschlaf. Wobei das Wegnicken und anschließende Hochfahren in der Sitzung auch positive Effekte haben kann – sofern es der Oberchef als das übliche Kopfnicken eines getreuen Dieners interpretiert.

Mit welchem Trick sich die Meetingteilnehmer vor dem Tiefschlaf schützen, hat der Publizist Cyril Parkinson herausgefunden: Sie sprechen nicht über jene Themen, die am wichtigsten sind – sondern über jene, von denen sie am meisten verstehen. Wenn es zum Beispiel um eine Fusion geht, starren die Manager auf das Einsparpotenzial; mit Zahlen kennen sie sich aus! Aber ob die Firmenkulturen zueinanderpassen, ob die Kunden eine solche Fusion akzeptieren und wie sich Entlassungen auf die Arbeitsmoral der verbleibenden Mitarbeiter auswirken – über solche Randfragen brettern sie hinweg. Und niemand verliert ein Wort über jene Studie der Bank Morgan Stanley, nach der 70 Prozent aller Fusionen scheitern.

Wichtig ist nicht die Entscheidung; wichtig sind die Entscheider! Mit an Sicherheit grenzender Wahrscheinlichkeit saß der Münchener Komiker Karl Valentin gerade in einer Chefrunde, als er feststellte: »Es ist schon alles gesagt, nur noch nicht von allen.«

Jeder Kleinstchef läuft in Gegenwart seines Oberchefs zu Hochform auf. Die mageren Arbeitsergebnisse seiner Abteilung jubelt er zur Glanzleistung hoch und sich selbst zum hellsten Stern am Firmenhimmel. So überstrahlen und überprahlen sie sich gegenseitig, treten sich unterm Tisch, schwärzen sich an, verfassen als Protokollschreiber ihr eigenes Wunschkonzert und rotten sich ebenso schnell zu Interessengrüppchen zusammen, wie sie sich im Streit wieder auseinanderdividieren.

Der Vertriebsleiter torpediert den Forschungsleiter, der Produktionsleiter hadert mit dem Einkaufsleiter, und alle zusammen knüppeln sie auf den Personalleiter ein, der wieder mal nicht genug neue Ingenieure herangeschafft hat und Mitarbeiter für Fortbildungen kidnappt.

Noch lustiger wird es beim Tagesordnungspunkt »Mitarbeiterführung unter Berücksichtigung unserer Unternehmenskultur«. Die Chefs sprechen mit Kennerschaft über das in der Praxis so stiefmütterlich behandelte Thema. Man ist sich einig: Ein guter Vorgesetzter muss jederzeit für seine Mitarbeiter ansprechbar sein (aber wie, wenn er jeden Tag sechs Stunden vom Konferenzsaal verschluckt und in ausgelaugtem Zustand und mit meterlanger Rückrufliste wieder ausgespuckt wird?). Man ist sich einig: Das Wissen der Mitarbeiter wollen wir als unserer Kapital nutzen (aber wie, wenn es bei wichtigen Sitzungen ausgesperrt bleibt?). Man ist sich einig: Bei uns zählen Arbeitsergebnisse und keine Ankündigungen (aber wer hat je von einem Meeting gehört, bei dem mehr als Ankündigungen herausgekommen wären?).

Kaiser ohne Kleider

Der Biologieprofessor einer renommierten Universität in Nordrhein-Westfalen hatte sich weit aus dem Fenster gelehnt: Als Gegenleistung für Drittmittel in sechsstelliger Höhe, die er von einer Biotechnologiefirma erhalten hatte, wollte er innerhalb von zwei Jahren ein bestimmtes Patent liefern.

Liefern wollte *er* es, aber die Forschung sollten *andere* erledigen: seine Doktoranden und wissenschaftlichen Mitarbeiter, deren Gehälter er aus diesen Drittmitteln finanzierte. Für die jungen Wissenschaftler ging es um die Wurst, der Professor musste ihre Zeitverträge verlängern. Sein gesenkter Daumen hätte ihnen das Einkommen, die Forschungsausstattung und damit die Chance zum Promovieren geraubt.

Wie eng er das Schicksal der Mitarbeiter mit den Forschungsergebnissen verbunden sah, hatte der professorale Chef zu Beginn der Experimente deutlich gemacht: »In meinem Labor haben Sie Ihre Zukunft selbst in der Hand. Wenn die Experimente laufen, geht es weiter. Wenn sie nicht laufen, ist Schluss.«

Aber es lief miserabel! Ein neuer Rezeptor, ein »Target« zur Blutdrucksenkung sollte nachgewiesen werden. Doch die Experimente steckten nach sechs Monaten fest. Man fand nur Bekanntes heraus, drehte sich im Kreis. Der Professor glänzte durch Abwesenheit. Lediglich alle ein bis zwei Wochen schwebte er ins Labor ein, immer mit derselben Frage: »Fortschritte? Welche Fortschritte haben wir zu verzeichnen?«

So schwer es den Mitarbeitern fiel, ein paar Randerfolge aufzuzählen, so zufrieden schien ihr Chef damit zu sein: »Ich habe Ihnen ja gesagt: Wir schaffen es!« Und wenn doch mal ein Wort über die gravierenden Probleme fiel, wischte er sie weg. Sein Lieblingsspruch: »In der Geschichte der Wissenschaft sind schon größere Probleme gelöst worden. Mein Doktorvater hat immer gesagt: Experimente bis zur Rente!«

Gescheiterte Versuche? Falsche Versuchsanordnungen? Drohendes Scheitern des Projekts? Davon wollte der Chef nichts hören. Und warum hätten die Mitarbeiter es ihm aufdrängen sollen, wo sie doch wussten: Sie hätten ihren Arbeitsplatz riskiert, wären als Überbringer der Unheilsbotschaft geköpft worden? Alles Positive gaben sie an den Professor weiter. Alles Negative behielten sie für sich.

Nach zwei Jahren folgte dann das böse Erwachen: Der Drittmittelgeber wollte Ergebnisse sehen. Nun stand der Professor als Kaiser ohne Kleider da. Er warf seinen Mitarbeitern vor, ihn »hinters Licht geführt« zu haben. Aber hatte *er* nicht persönlich das Licht ausgeknipst?

Psychologen haben ein treffendes Wort für dieses Phänomen erfunden: Sie sprechen von der »Geschäftsführerkrankheit«. Je höher ein Mensch in der Hierarchie steht, je mehr er seine Untergebenen einschüchtert, desto seltener dringen schlechte Nachrichten zu ihm vor. Die Angaben der Mitarbeiter orientieren sich nicht nach den realen Fortschritten, sondern danach, was der Chef hören will. Niemand möchte seinen Kopf riskieren.

Nehmen Sie die Topmanager des großen Flugzeugbauers Airbus. Haben sie nicht bis zur letzten Minute versprochen, ihr Vorzeigeflieger A 380 würde pünktlich ausgeliefert? Schließlich mussten sie eine Verspätung von »einigen Monaten« einräumen. Daraus wurden: fast zwei Jahre.

Hatten die Manager gelogen? Wohl kaum, aber offenbar waren die massiven Probleme aus den Fachabteilungen nicht auf ihre Chefwolke vorgedrungen. Wollten sie denn von den Problemen hören?

Überhaupt: Welcher gehobene Manager bekommt von seinen Mitarbeitern gesagt, dass sein Ziel für die Firma so unerreichbar ist wie der Mond für einen Stabhochspringer? Wer bekommt Hinweise auf seine eigenen Kommunikationsschwächen, auf undeutlich formulierte Aufträge, auf ärgerliche

Killerphrasen (»Das haben wir immer so gemacht!«), auf ignorierte Konflikte?

Mancher Chef, der nicht kritisiert wird, folgert daraus, es gäbe an ihm nichts zu kritisieren. Dabei schweigen seine Mitarbeiter nur aus Furcht. Andere Chefs halten es, wenn mal Kritik zu ihnen vordringt, ganz cool mit dem amerikanischen Schauspieler Bruce Lee: »Wenn du kritisiert wirst, dann musst du irgendetwas richtig machen. Denn man greift nur denjenigen an, der den Ball hat.« Bei Studien kam heraus: Je höher einer in der Hierarchie steht, desto unkritischer ist seine Selbsteinschätzung.

Was beim Ankleiden der Spiegel ist, sollte für den Chef die Rückmeldung der Mitarbeiter sein. Wer diesen Spiegel durch sein Kommunikationsverhalten zertrümmert, steht eines Tages vor einem Scherbenhaufen.

5. Blindschleichen in Führung

Wer führt, spielt eine Rolle. Die Grenzen zum Schauspiel sind fließend. Wenn Chefs sich aufführen, ohne Menschen zu führen, wenn sie autoritär sind, ohne Autorität zu haben, wenn sie die Schwächen ihrer Mitarbeiter aufblasen, aber die Stärken übersehen: Dann gerät die Führung zum Trauerspiel. Und sie führt zu nichts. Hier erfahren Sie …

- auf welchen Grundlagen die Führung basiert und was passiert, wenn Chefs als Vorbilder versagen;
- warum Zielgespräche die schrecklichste Erfindung seit der Folterbank sind;
- und wie der Prokurist einer Baufirma es mit Hilfe eines Drachens schafft, sich seine Mitarbeiter gründlich vom Leib zu halten.

Schreckliche Vorbilder

Fragen Sie zehn Führungskräfte, wie sich Mitarbeiter am besten führen lassen, und Sie werden elf Antworten erhalten. Der eine hält sich zugute, dass er regelmäßig Mitarbeitergespräche führt, der andere rühmt sich damit, dass er sie regelmäßig ausfallen lässt (»Wir verstehen uns auch so.«). Aber wer hat denn noch das wichtigste aller »Führungsinstrumente« im Blick? Wer weiß noch, was der britische Historiker und Publizist Cyril Parkinson wusste: »Durch sein Vorbild erreicht man mehr als durch Aktennotizen«?

Die Mitarbeiter fragen sich pausenlos: Lebt der Chef, was er predigt? Oder predigt er, was er nicht lebt? Werfen wir doch einen Blick auf wichtige Eigenschaften; wie gut sind die Chefs im Vorleben?

VERTRAUEN: »Vertrauen Sie mir!«, pflegen Führungskräfte zu sagen. Nicht jeden Schritt, den sie gehen, wollen sie rechtfertigen, nicht jede Zusage, die sie geben, durch einen Vertrag untermauern. Sie wollen Vertrauen von ihren Mitarbeiter *geschenkt* bekommen. Aber was schenken sie zurück?

Der Informatiker Gregor Schauzer (33) aus Bayern hat mir vom Kontrollwahn seines Geschäftsführers berichtet: Erst verweigerte der Big Boss seinen Mitarbeitern bis ins Jahr 2000 den Zugang zum Internet (»Es reicht, wenn Führungskräfte surfen können.«). Als er den Spott seiner Geschäftspartner nicht mehr ignorieren konnte, ließ er seine Belegschaft eine seitenlange Erklärung unterschreiben: Privates Surfen wurde unter Androhung einer Entlassung, fast hätte man meinen können unter Todesstrafe, verboten.

Und weil ihm die Unterschriften der Mitarbeiter nicht reichten, wies er seine IT-Abteilung zur Schnüffelei an: Die Internetbesuche und der E-Mail-Verkehr sollten ausspioniert werden. Er forderte den Administrator auf, mit Suchbegriffen vorzugehen. Neben den einschlägigen Vokabeln des Lebenslebens (»Liebe«, »Sex«, »Kuss«) sollte in den Mails auch nach Schimpfwörtern gefahndet werden (»Trottel«, »Idiot«, »Blödmann«). Offenbar wollte der Geschäftsführer kritische Äußerungen über sich und seine Chefkollegen ans Licht fördern (immerhin ahnte er, wie seine Mitarbeiter dachten!).

Sein Pech: Gregor Schauzer warnte die Kollegen heimlich – was unnötig war, denn das Misstrauen des Chefs konnte niemandem entgangen sein: Ein ärztliches Attest war schon am ersten Fehltag fällig (und nicht erst am dritten, wie üblich). Jedes kleinste Mitarbeitergespräch musste von den Führungskräften wie ein Polizeiverhör protokolliert werden. Und kürzeste Dienstreisen, auch innerhalb der eigenen Stadt, waren nur auf schriftlichen Antrag möglich.

Die Jahresziele wurden nicht im Dialog vereinbart, sondern vom Geschäftsleiter vorgegeben, eng gesteckt und mit so vielen Zwischenzielen, dass jede Abweichung ein schnelles Eingreifen der *Chefpolizei* ermöglichte. Völlig klar, dass die Mitarbeiter jedes Wort von oben wie Falschgold inspizierten. Sie gaben dasselbe Maß an Negativ-Vertrauen zurück, das sie selbst geschenkt bekamen.

Misstrauen nistet hinter vielen Firmentoren. Das geht los bei Präsenzpflicht und Zeiterfassung, das pflanzt sich fort in Formularfluten und Aktennotizen, das spitzt sich zu beim Absicherungsdenken (»Können Sie mir das schriftlich geben!«), und das endet noch lange nicht mit Anweisungen, dass sich die Mitarbeiter am Telefon einheitlich zu melden haben oder bei Presseanfragen kein Wort sagen dürfen (reine Chefsache!). Keine Vertrauens-, nur Misstrauensbeweise!

LOYALITÄT: Warum sollten Mitarbeiter *loyal* gegenüber ihrem Chef sein, wenn er illoyal gegenüber ihnen ist? Wenn er kein Problem damit hat, die Glanzleistung eines Mitarbeiters vor der Geschäftsleitung für sich zu beanspruchen, ohne dessen Namen zu erwähnen – während er bei schweren Fehlern jeden Sünder beim Namen nennt, mit der heuchlerischen Anmerkung, »die Verantwortung übernehme natürlich ich«? Wenn er über abwesende Mitarbeiter lästert? Wenn er im Krisenfall nicht erst darüber nachdenkt, wie man Material sparen oder die Umsätze erhöhen kann – sondern gleich mit seinem spitzen Rotstift auf den Personalbestand einsticht? Darf man den Mitarbeitern verübeln, dass sie über einen solchen Chef lästern und für jeden Abwerbungsversuch so offen sind wie ein leeres Fußballtor für den Ball?

EHRLICHKEIT: Warum sollen Mitarbeiter ehrlich gegenüber ihrem Chef sein, wenn der sie fortwährend belügt? Wenn er, um vier Uhr nachmittags das Büro eilenden Schrittes verlässt und wieder mal »habe noch einen Termin« murmelt, statt sich ehrlicherweise in den Feierabend zu verabschieden? Wenn er im Mitarbeitergespräch mehr verspricht, als er im Alltag halten kann? Wenn er Stellen schönredet und negative Fakten verheimlicht? Darf man es seinen Mitarbeitern verübeln, dass sie in kritischen Situationen ebenfalls Ausreden herbeizaubern?

PÜNKTLICHKEIT: Warum sollten Mitarbeiter pünktlich sein, wenn ihr Chef selbst ein Trödler ist? Meine Klientin Hanna Ebert (29) heuerte nach ihrer Ausbildung bei einer Lokalzeitung als Redakteurin bei einer Fachzeitschrift an. Ihre erste Titelgeschichte schloss sie mit zwei Tagen Vorlauf ab. Die Kollegen sahen sie an wie eine Außerirdische.

Schon nach einigen Wochen hatte Ebert begriffen: Der Chefredakteur, der stets »Pünktlichkeit« predigte, lieferte seine eigenen Texte immer als Letzter ab, *nach* Redaktionsschluss. Alle Redakteure hatten sich dieser Arbeitsweise angepasst. Hier galt der Pünktliche als der Dumme.

Die Folge waren Chaos, Hektik und Termindruck, eine Rechnung freilich, die von den Mitarbeitern zu begleichen war: An Produktionstagen saß Hanna Ebert oft bis nach Mitternacht in der Redaktion – während ihr Chef in einer Sache pünktlich war: beim Feierabend um 17 Uhr. Und wann machten die Kollegen außerhalb der Produktionstage Feierabend? Fünf Sekunden nachdem das Auto des Chefs vom Hof gerollt war.

Rollenspiele und Führungsstile

Wie steht es um die Mitarbeiterführung in Deutschland? Sind wir nicht nur Export-, sondern auch Führungsweltmeister? Die Studie GLOBE erforschte weltweit, ob Chefs ein faires, großzügiges und fürsorgliches Verhalten fördern. Die deutschen Vorgesetzten wurden gerügt, landeten auf einem der letzten Plätze. In Sachen »Führung« sind wir Hinterbänkler.

Die meisten Vorgesetzten sind überfordert. Sie haben nie gelernt, wie man Mitarbeiter führt, sie haben nur aufgeschnappt, wie man die »Chefrolle« spielt. Verhält es sich mit ihnen wie mit Schauspielern? Müssen sie, um ihre Rolle auszufüllen, ein Kostüm anziehen, einen Text lernen, sich Gesten antrainieren? Fest steht: Sie tragen feineres Tuch als ihre Mitarbeiter (*Kostüm*), sprechen gröbere Sätze (*Text*), und wenn eine Faust auf den Tisch saust, war das wohl eine Chef*geste*.

Nicht nur der Chef gestaltet seine Rolle – die Rolle gestaltet auch ihn. Sein Status stellt ihn über die Mitarbeiter, ist mit Erwartungen verknüpft. Sein »Drehbuch« hängt davon ab, welche Werte und Gepflogenheiten in einer Firma, einer Branche, einem kulturellen Umfeld gelten. Dabei kann es passieren, dass die Persönlichkeit des Chefs zu seiner Rolle so wenig passt wie ein Löwenbrüllen zur Hauskatze. Wer seinen Vorgesetzten zum Beispiel im Supermarkt sieht und dabei feststellt, dass dessen herrische Mutter ihn als Einkaufssklaven durch die Gänge scheucht, kann diesen Anblick ungeheuer komisch finden – sofern derselbe Chef in der Firma als Einpeitscher auftritt.

Überhaupt haben Mitarbeiter ein feines Gespür für unechte Führungskräfte, für Theaterdonner und Heuchelei. Denn das unterscheidet Chefs von Schauspielern: Sie müssen ihre Rolle rund um die Uhr spielen, nicht nur für kurze Zeit. Spätestens beim Brüllanfall zeigen die Kreidefresser ihr wahres Gesicht. Eine solche Blöße will sich keiner geben. Daher lautet die Lieblingsfrage der Chefs beim Seminar: »Welcher Führungsstil passt zu mir?« Sie hoffen auf eine Allzweckwaffe. Im Angebot sind drei klassische Stile, nach den Erziehungsstilen des Sozialpsychologen Kurt Lewin (1890–1947): die autoritäre Führung, die demokratische Führung und die Laissez-faire-Führung.

Autoritäre Führung: »Warum soll ich das so machen?«, piepst der Mitarbeiter. »Weil ich der Chef bin!«, brüllt es zurück. Klarer Fall von autoritärer Führung! Der Chef weist an, ohne sich um die Meinung der Mitarbeiter zu kümmern. Er entscheidet als einsamer Wolf. Aber heulen sollen nur seine Mitarbeiter! Seine Untergebenen sieht er als Anbeter, sich als Abmahner. Kritik *an* ihm ist Majestätsbeleidigung; Kritik *von* ihm das Grundgeräusch des Alltags.

Die Entscheidungen fallen so schnell, wie der Chef seinen Mund öffnen kann. Kompetenzstreit ist ausgeschlossen, weil die Mitarbeiter keine Kompetenzen haben. Deshalb verlieren sie ihre Motivation, scheuen vor Entscheidungen zurück und behalten ihre Ideen für sich. Eher, als sich für ihren Chef zu zerreißen, würden sie diesen zerreißen – aber wer hat schon den Mut zum Tyrannenmord …

Demokratische Führung: Hier geht es in den Runden rund: Die Mitarbeiter dürfen Ideen, Gedanken, sogar Kritik auf ihren Chef einprasseln lassen. Der entscheidet nicht einsam, sondern gemeinsam mit ihnen. Seine Mitarbeiter stehen auf einer Augenhöhe mit ihm. Und wenn mal einer in der Klemme steckt oder einen Fehler begeht, reicht er ihm seine Hand zur Unterstützung (etwa durch Fortbildungen). Die Mitarbeiter sehen ihre Aufgaben nicht mehr als Kuckuckskinder, sondern als eigene Babys. Sie identifizieren sich mit der Firma, die Arbeitsfreude ist hoch.

Allerdings mogeln sich im demokratischen Tarnkleid auch Entscheidungsschwächlinge durchs Chefleben. Sie bekennen keine Farbe, auch nicht zu wichtigsten Fragen. Das Boot treibt steuerlos, kleinste Entscheidungen beschwören größte Diskussionen herauf. Es gibt mehr Standpunkte als Büroklammern.

Laisser-faire-Führung: Hier lässt der Chef seine Mitarbeiter selbst bestimmen, wie sie ihre Arbeit verrichten und organisieren. Die Informationen fließen uferlos, auch abseits der üblichen Hierarchiekanäle. Er lobt oder kritisiert, hindert oder unterstützt seine Mitarbeiter kaum – er geht einfach davon aus, dass sie ihre Aufgaben schaffen. Dieses Zutrauen wird nicht selten mit Vertrauen der Mitarbeiter beantwortet: Weil der Chef das Beste von ihnen annimmt, geben sie ihr Bestes. Aber schmal ist der Grat zur Gleichgültigkeit: Wenn eine Führungskraft die Arbeiten nicht anschaut, nur durchwinkt, wenn Spitzenleistungen kein Lob und Fehlleistungen keinen Tadel nach sich ziehen, riecht das verdächtig nach Gleichgültigkeit – eine Krankheit, die sich schnell auf die Mitarbeiter überträgt. Dann wird die Arbeitsfähigkeit bettlägerig, es herrschen Chaos, Kompetenzgerangel und Frust.

Hoppla! Alle Führungsstile sind mit Mängeln behaftet. Deshalb ist es so töricht, einen einzigen Stil als Allzweckwaffe zu sehen. Wenn ein Chef den Führungsstil nur an *seinen* Vorlieben ausrichtet, übersieht er ohnehin eine Kleinigkeit: die zu Führenden! Das ist so, als würde man sich für einen bestimmten Schraubenzieher entscheiden, ohne vorher einen Blick auf die Schrauben zu werfen. Ob Schlitz oder Kreuz, ob groß oder klein: Wie der Schraubenzieher auf die Schrauben abgestimmt sein muss, so muss der Führungsstil zu den Mitarbeitern passen.

Wer als Manager eine Katastrophenschutz-Truppe beim Hochwasser koordiniert, muss autoritärer auftreten, als wenn er die Entwicklungsarbeit hochspezialisierter Ingenieure leitet. Und der Führungsstil muss auch auf die Führungssituation abgestimmt sein. Mag es in einer Werbeagentur bei der Ideenfindung richtig sein, den Mitarbeitern freie Hand zu lassen (Laisser-faire), so kann auch richtig sein, ihnen in der Abgabephase klare Vorgaben zu machen (fordernde oder autoritäre Führung).

Beim Führen gilt dasselbe wie beim Autofahren: Wer nicht schalten kann, wer immer nur im ersten oder im fünften Gang fährt, kommt auf Dauer nicht vorwärts. Ein reifer Vorgesetzter bemüht sich um *stimmige* Führung, passend zu seinem Charakter, zur Situation und vor allem: passend zu seinen Mitarbeitern.

Besoffen vom Ziel-Wasser

Der Controller Heiner Geiger (54) verblüffte mich mit seinem Anliegen: »In sechs Wochen habe ich mein Kritikgespräch mit dem Chef. Können Sie mich vorbereiten?« In sechs Wochen! Warum schob ein Chef seine Kritik so lange auf? Das Missverständnis war schnell geklärt: Als »Kritikgespräch« bezeichnete Geiger sein Jahresgespräch zur Zielsetzung: »So sagen wir bei uns dazu!«

Soll nun also auch die heilige Kuh der Führung auf die Schlachtbank geführt werden, das »Führen durch Zielsetzung«, dieser Importschlager aus den USA (*Management by Objectives*)? Wurde diese Methode nicht in den Fünfzigerjahren von Peter Drucker erfunden, jenem großen Managementautor, der sein Leben lang wie ein Don Quichote gegen die Tretmühlen unfähiger Führung anritt?

Nichts, wirklich gar nichts spricht gegen diese Führungsmethode. Gedacht war es so: Der Chef zieht sich mit dem Mitarbeiter für knapp zwei Stunden an einen neutralen Ort zurück. Dort hört er zu, wo sich der Mitarbeiter sieht, wie er sich entwickeln will und auf welche Weise er, der Chef, ihn dabei unterstützen kann. Die Führungskraft *fordert* nicht in erster Linie, sie *fördert* die Entwicklung des Mitarbeiters. Das Jahresziel wird *gemeinsam* festgelegt, so dass sich die Interessen beider Seiten überschneiden.

Träum weiter! Was dem Hundehalter seine Leine, ist manchem Chef die Zielsetzung – ein Instrument, mit dem sich die Mitarbeiter auf Schritt und Tritt kontrollieren lassen. Nur in einem Punkt können Chefs ihren Mitarbeitern die Hand reichen: in ihrer Geringschätzung des Zielgesprächs. Oft wird es als *der* Horrortermin des Jahres gesehen: leichter vergessen als ein Mitarbeitergeburtstag, öfter verschoben als ein Zahnarzttermin und vom Mitarbeitergespräch, das gesondert stattfinden müsste, in den meisten Unternehmen so wenig getrennt wie Gemüse im Eintopf. Das wenig verlockende Motto lautet: »Bringen wir es hinter uns!«

Heiner Geiger ärgerte sich schon darüber, wie diese Gespräche in seiner Firma beginnen: »Mit einem *Idiotentest*, einem Zettel zum Ankreuzen. Man darf einschätzen, wie man die eigenen Fähigkeiten sieht, zum Beispiel in ›Effizienz‹, ›Teamfähigkeit‹, ›Geschwindigkeit‹, ›Gründlichkeit‹. Der Chef kreuzt ebenfalls an, dann wird verglichen.«

Manchmal liegen das Selbst- und das Fremdbild meilenweit auseinander. Heiner Geiger, der sich im Vorjahr als »schnell«, »effektiv« und »teamfähig« einstufte, erlebte eine böse Überraschung: »Für genau diese Eigenschaften hat mir mein Chef nur zwei von fünf Punkten gegeben. Ich hatte vielleicht eine Wut im Bauch!«
»Was genau hat Sie wütend gemacht?«
»Dass mir mein Chef im regulären Arbeitsalltag keinen Ton gesagt hat. Ich hätte dieses Feedback gerne schon früher gehabt. Oder war es ihm nur recht, mich in dieses Messer laufen zu lassen?«
Der Begriff »Kritikgespräch« kam in dieser Firma nicht von ungefähr! Genau hier liegt der Hund auch in anderen Unternehmen begraben: Das Mitarbeitergespräch wird von Chefs als Generalabrechnung, öfter noch als Reparaturbetrieb missbraucht. Die Rückmeldungen der Führungskraft, die Absprachen über Ziele, die Informationen über die Geschäftspolitik – all das, worauf der Mitarbeiter ein Jahr lang vergeblich gewartet hat, soll nachgeholt werden: in einer Stunde! Ein Blind Date, obwohl man sich kennen sollte! Ein Alibitermin, hochgejubelt zum Flaggschiff einer ach so hervorragenden Mitarbeiterführung.
Miserables Führungshandwerk trägt zum Kentern bei: Die besagten Chefformulare (*Idiotentest*) fallen meist so aus, dass sie auf jeden Mitarbeiter ein bisschen, aber auf keinen so richtig zutreffen. Wie soll ein Nachtwächter, der immer allein arbeitet, seine Kundenfreundlichkeit beurteilen? Ein Arbeiter im Blaumann sein »äußeres Erscheinungsbild«? Oder ein Mitarbeiter ohne Hauch von Personalverantwortung seine »Führungsfähigkeit«? Alle werden über einen Formularkamm geschoren. Standardbewertung statt individueller Wertschätzung!

Meist findet das Gespräch nicht auf neutralem Boden statt (wie es sinnvoll wäre), sondern in der Höhle des Cheflöwen. Der Mitarbeiter ist geduldet, nicht willkommen; Störungen sind garantiert. Gut möglich, dass die wichtigste Passage des Gespräches durch eine auffliegende Tür oder ein Telefonklingeln gesprengt wird.

Das Gespräch kulminiert im Super-GAU, in der Festlegung der Jahresziele. Der Mitarbeiter hat oft das Gefühl, er befände sich in einem Schnellzug, der längst mit voller Fahrt unterwegs ist, die Weichen sind gestellt. Und dann serviert der Chef mit Unschuldsmine den »Vorschlag« eines Zielbahnhofs: »Können Sie diesem Ziel zustimmen?« Was bleibt dem Mitarbeiter denn übrig? Soll er aus dem fahrenden Zug springen?

Dem Controller Heiner Geiger wurde im Vorjahr ein Ziel aufgedrängt, das auf seine Motivation wie ein Eimer kaltes Wasser wirkte: Er sollte die Ausgaben der Einkaufsabteilung im Laufe des Jahres um sieben Prozent senken – eine Marke, die er aus eigener Kraft gar nicht erreichen konnte, weil die Budgetvollmacht nach wie vor beim starrköpfigen Einkaufsleiter lag. Er sah dieses Ziel als »eiskalten Trickbetrug«, denn so ging ihm auch seine Jahresprämie von 2500 Euro flöten, die an dieses Ziel gekoppelt war.

Außerdem fragte er sich: »Welche Chancen hat dieses Ziel mir persönlich eigentlich geboten? Wie hätte ich mich damit entwickeln können? Waren Fortbildungen damit verbunden? Gar nichts!« Seine Interessen waren dort gelandet, wo Mitarbeiterinteressen in Zielgesprächen so oft enden: unter dem rollenden Zug!

Der Unerreichbare

Der Prokurist (64) des Bauunternehmens hatte einen Spitznamen: »Der Unerreichbare« wurde er von seinen Mitarbeitern genannt. Zwei Türen führten zu seinem riesigen Eckbüro: eine hatte außen keine Klinke (und diente ihm als Fluchtweg); die andere führte durch sein Vorzimmer, das die Mitarbeiter nur »Vorhölle« nannten.

Dieses Reich stand unter dem strengen Regiment seiner Sekretärin. In siebzehn Dienstjahren war sie zu einem bissigen Wachhund mutiert und wollte dem Chef »die Leute vom Hals halten«. Jeder Anruf für den Prokuristen, jede E-Mail und erst recht jeder Besucher hatte die »Vorhölle« zu überwinden. Erst dann öffnete sich das, was die Mitarbeiter ironisch »Himmelspforte« nannten: die Tür zum Chefbüro. Kaum einer drang so weit vor.

E-Mails an den Chef, egal zu welchem Thema, konterte die Sekretärin mit der Standardantwort: »Danke für Ihre Mail. Wir werden die Relevanz Ihrer Mitteilung prüfen.« Das klang wie: »Verschone uns mit deinen Nichtigkeiten!« Und was hieß eigentlich »wir«? War der Prokurist gemeint (also ein »Pluralis Majestatis«)? Seine Sekretärin? Beide? Oder war »wir« eine anonyme Macht, zu fern und zu groß, um mit ihr in Kontakt zu gelangen? Die Mitarbeiter, kleine Kafkas – der Chef, das große Schloss?

Die Mails blieben meist ohne weitere Antwort. Der telefonische Weg zum Chef war kaum aussichtsreicher. Das Gespräch mit der Vorhölle konnte auf drei Arten verlaufen:

1. Die Sekretärin sagte: »Der Chef spricht gerade auf der anderen Leitung, er ruft sie gegebenenfalls zurück.« »Gegebenenfalls« hieß wohl: »Falls ihm dein Anliegen, entgegen jeder Prognose, wichtig genug erscheint!«

2. Sie sagte: »Der Chef ist gerade in einer wichtigen Besprechung. Probieren Sie es die nächsten Tage noch mal.« »Die nächsten Tage« hieß wohl: »Lass es bleiben! Du wirst nicht bezahlt, um deinen Chef zu belästigen – nur umgekehrt!«
3. Sie sagte: »Moment, er wollte gerade aufbrechen – ich schaue mal, ob er noch da ist.« (Kurze Pause). »Nein, er ist schon weg.« Das hieß wohl: »Meine Frage, ob er dich sprechen will, hat er empört zurückgewiesen.«

Die junge Ingenieurin Britta Elders (27) war als Projektleiterin für den Bau einer Grundschule verantwortlich. Eines Morgens, bei der Baubesprechung, waren massive Statikprobleme aufgefallen. Nun standen alle Betonmaschinen still. Von der Entscheidung des Prokuristen hing es ab, ob die Betonstärke einer Decke belassen werden konnte oder stärker ausfallen musste. Eile war geboten.

Britta Elders stimmte sich kurz mit dem leitenden Statiker ab und eilte dann ins Vorzimmer: »Bitte, ich muss den Chef sprechen. Nur für fünf Minuten!«

Die Sekretärin schaute, als wäre sie um Geld angebettelt worden: »Aber Sie haben doch keinen Termin!«

»Wir haben ein massives Statikproblem. Das ist erst heute Morgen aufgetreten. Bitte!«

»Der Chef hasst es, wenn man ihn überfällt.«

»Aber es muss sein!«

»Bitte, wie Sie wollen.«

Mit diesen drohenden Worten verschwand sie hinter der Himmelspforte. Und war blitzschnell wieder zurück: »Sie sollen die Sache mit unserem leitenden Statiker besprechen. Nur mit ihm!«

»Aber der hat mich doch geschickt!«

Die Sekretärin machte keine Anstalten, ihren Chef ein zweites

Mal zu stören; sie kannte ihn nach siebzehn Jahren gut genug. Britta Elders hätte heulen können.

Selbst Termine mit langem Vorlauf ließ der Unerreichbare in letzte Sekunde platzen. Dann schrieb die Vorhölle: »Dem Chef ist etwas Wichtiges dazwischengekommen.« Wichtig war alles Mögliche, die Mitarbeiter waren es nicht. Bekam ein Mitarbeiter seine Audienz dann doch, spürte er seine Nichtigkeit: Er musste vorliebnehmen mit einem kleinen Stuhl am Rand des riesigen Chefschreibtisches, auf dem ein Hubschrauber hätte landen können. Der Chef thronte am anderen Ende auf seinem Ledersessel, unwirklich wie ein surrealistisches Gemälde. Erstaunlich, dass es ihn wirklich gab und er nicht nur eine Erfindung seiner Sekretärin war!

Solche Gespräche dauerten allenfalls fünf Minuten, begleitet von ungeduldigen Blicken auf die Armbanduhr. Es sei denn, der Unerreichbare erhielt zwischendurch Anrufe von Geschäftspartnern; die Vorhölle stellte gnadenlos durch. Dann zeigt sich der Chef als jovialer Unterhalter und plauderte mal eben eine halbe Stunde mit den Managern der Baugesellschaften. Der Mitarbeiter saß in dieser Zeit da wie bestellt und nicht abgeholt.

Litt der Unerreichbare an dem, was der amerikanische Romancier John Steinbeck einmal als »Managerkrankheit« bezeichnet hat: an einer »Epidemie, die durch den Uhrzeiger hervorgerufen und durch den Terminkalender übertragen wird«? Aber warum hat er dann nur die Mitarbeiter als Krankheitserreger und Zeitdiebe betrachtet, nicht aber seine Geschäftskunden? Hielt er die einen für nichtig, nur die anderen für wichtig?

Als wären sie lästige Mücken, so behandeln einige Chefs ihre Mitarbeiter, verscheuchen sie aus ihrem Blickfeld. Die Herren (und seltener: Damen) der Chefetage bleiben gern unter ihresgleichen. Eigene Parkplätze haben sie, eigene Kantinentische, eigene Konferenzräume und manchmal sogar ein eigenes Stockwerk. Diese Chefetage erkennt man sofort am feinen Teppich- oder Parkettboden. So kann ein Mitarbeiter, der im Lift den falschen Stock gedrückt hat, seinen Irrtum korrigieren, ehe er einen Manager mit seinem nichtswürdigen Anblick belästigt.

Aber brauchen die Unternehmenslenker nicht Freiraum, um in erster Linie die Firma zu führen, sich ums Wesentliche kümmern zu können? Stimmt. Doch nichts ist wesentlicher als die eigenen Mitarbeiter!

Auf die Schwächen mit Gebrüll!

Der beste Torschütze war er nicht, der junge Linksaußen. Und körperliche Zweikämpfe scheute er. Sein Chef hätte Grund gehabt, diese vermeintlichen Schwächen zu kritisieren. Aber was tat der legendäre Fußballtrainer »Tschik« Cajkovski? Er konzentrierte sich auf die Stärken seines Spielers: auf den Spielwitz, die Technik, das Raumgefühl. Und er gab dem jungen Mann eine Position, wo diese Qualitäten gefragt waren, er machte ihn zum Libero. Der Name des Spielers: Franz Beckenbauer. Als Linksaußen wäre er wohl kaum ein Weltstar geworden.

Diese Geschichte ist so interessant, weil die meisten Chefs nach dem umgekehrten Prinzip vorgehen: Sie konzentrieren sich nicht auf die Stärken ihrer Mitarbeiter – sondern auf die Schwächen. Mein Klient Volker Freyer (41) vermittelte als Reisekaufmann vor allem USA-Reisen. Schon als junger Mann war er per Anhalter durch die Staaten getrampt. Ob Südküste oder Grand Canyon, Washington oder Disneyland, Yellowstone Park oder Universal Studios: Er kannte jeden Winkel des Landes. Von den Reisezielen konnte er so lebendig erzählen, dass man förmlich das Meersalz roch, Fische plätschern hörte und den Sonnenball überm Atlantik vor Cape Porpoise sinken sah.

Seinen Jahresurlaub verbrachte Volker Freyer mit Rundreisen, er klapperte ein Hotel nach dem anderen ab, testete Unterkünfte. Welche Hotelzimmer den schöneren Ausblick hatten, wie die hauseigenen Muffins schmeckten und welche schönen Fleckchen der Umgebung in keinem Reiseführer zu finden waren – all das gab er an seine Kunden weiter.

Etliche schworen auf seine Beratung, deshalb hatte er mehr zu tun als seine acht Kollegen. Hier begann das Problem: Die hohe Kundenzahl bedeutete auch einen hohen Verwaltungsaufwand. Er musste nicht nur buchen und Einreiseformulare verschicken, er sollte auch Reiseversicherungen abschließen und mit den Leihwagenfirmen die Preise verhandeln. Diesen »Versicherungs- und Verhandlungskram« hasste er, fand dafür ebenso wenig Lust wie Zeit.

Seinen Chef trieb das immer wieder auf die Palme: »Sie sollen einen Leihwagen organisieren, kein Flugzeug! Achten Sie auf die Preise, verdammt!« Oder: »Wie kann es sein, dass Sie so viele Reisen, aber so wenig Reiseversicherungen verkaufen. Das muss sich ändern!«

Solche Sprüche prasselten jede Woche auf Freyer nieder. Er kam sich schon vor wie der Versager seines Büros. Dabei hatte niemand so zufriedene Kunden und so hohe Reiseumsätze wie er. Aber davon war keine Rede.

Hatte ihn sein Chef je gelobt, dass er die Kunden durch seine Landeskenntnis und Erzählkunst faszinierte? Hatte er ihm je gedankt, dass er sogar seinen Urlaub mit dem Erkunden von US-Hotels verbrachte? Im Gegenteil, zuletzt hatte der Büroleiter gedroht: »Entweder Sie strengen sich mit den Versicherungen mehr an – oder Sie zahlen in Ihrem nächsten Urlaub den vollen Preis. Keine Rabatte mehr!«

Der Chef stürzte sich auf die Schwächen seines Mitarbeiters wie der Piranha aufs Fleisch. In seinem Kritikrausch sah er über die Talente und den großen Umsatz hinweg. Das ist so, als hätte der Trainer Cajkovski die Augen verschlossen vor Franz Beckenbauers Talent und ihn mangels Schnelligkeit pausenlos als »Flügel-Lahmen« kritisiert.

Das Problem ist oft nicht der Mitarbeiter, sondern die negative Wahrnehmung des Chefs. Wer Potenziale aufspüren will, muss sich an einen Satz des französischen Schriftstellers Marcel Proust halten: »Die eigentliche Entdeckung besteht nicht darin, Neuland zu finden, sondern mit neuen Augen zu sehen.«

Nur wenige Chefs sind dazu fähig. Das ist einer der Gründe, weshalb die für den DGB-Index *Was ist gute Arbeit?* zugrundeliegende Studie im Jahr 2007 beinahe auf kuriose Weise gescheitert wäre: Man fand das Gesuchte, fand die »Gute Arbeit« in Deutschland kaum! Nur 12 Prozent der Mitarbeiter konnten sich über einen solchen Arbeitsplatz freuen. Da beantwortet sich die Frage von selbst, wie viele Arbeitnehmer auf der falschen Position spielen.

Wenn man Führung also darin definiert, Mitarbeiter nach ihren *Stärken* einzusetzen, hätte es für Volker Freyers Chef nur eine Frage gegeben: »Wie kann ich Sie bei den Leihwagen und den Versicherungen unterstützen?« Die Lösung ergibt sich in einem solchen Gespräch meist von allein. Vielleicht liebt ein Kollege genau diese Arbeiten (während er den Kundenkontakt hasst). Eine kleine Arbeitsumverteilung – und schon hätten die Beckenbauers dieser Arbeitswelt ihre Stärken ausspielen können!

»Wer hat's verbockt?!«

Wonach schreien Chefs, wenn ein Fehler passiert? Sie schreien nach einem Schuldigen! Die Frage lautet nicht »Warum ist es passiert?« oder »Was können wir lernen?«. Die Frage lautet nur: »Wer hat es verbockt?«

Die meisten Führungskräfte, vor allem Betriebswirte und Ingenieure, lieben das mechanistische Weltbild. Ihren Arbeitsbereich sehen sie als Motor. Läuft er nicht rund, spielen sie Mechaniker, greifen zum Werkzeugskasten. Jeder Mitarbeiter wird unter die Lupe genommen wie eine verrußte Zündkerze. Man sucht, findet und behebt den Fehler. Und dann – so die kühne Hoffnung – schnurrt der Motor wieder.

Aber funktioniert eine Firma wirklich wie eine Maschine, nur nach Ursache und Wirkung? Ist jeder Mitarbeiter ein Teilchen, also nach Belieben austauschbar?

Hilfreicher ist das systemische Weltbild, nach dem die Firma einem lebendigen Organismus gleicht. Der Ort, wo ein Fehler auftaucht, ist selten der Ort, wo er entsteht. Jedem Arzt ist klar: Es wäre naiv, ein chronisches Zucken des linken Fingers am linken Finger zu behandeln – wenn die Ursache eine Nervenbahn im Gehirn ist!

Das Gehirn der Firmen sind die Chefs (oder: Sie sollten es sein!). Viele Fehler der Mitarbeiter gehen auf sie zurück. Will man deshalb nichts vom Denken in Zusammenhängen, aber umso mehr vom Schwarz-Weiß-Denken wissen? Hier ein paar Irrtümer, von denen Chefs sich beim Führen gerne verführen lassen:

»Fehler sind schlecht«: Der typische Ansatz der Chefs lautet: »Alles tun, was Fehler verhindert! Alles lassen, was Fehler begünstigt!« Kein Kainsmal prägt sich tiefer in die Stirn eines Mitarbeiters, als wenn ihm ein Fehler unterlaufen ist. Dann fangen die Sätze des Chefs noch Jahre später mit den Worten an: »Sie haben doch damals ...« Fehler werden als Gründe für Abmahnungen und Entlassungen hergenommen, gelten als Todsünden schlechthin.

ABER: Können Fehler nicht auch wertvolle Lernchancen sein? Muss nicht jedes Kind, um Gehen zu lernen, auch hinfallen dürfen? Ist die Angst vor Fehlern nicht ein Gift, das die Ideenfreude der Mitarbeiter lähmt und ihren Initiativgeist tötet? Der ehemalige IBM-Chef Tom Watson sagte: »Wenn Sie erfolgreich sein wollen, verdoppeln Sie Ihre Misserfolgsrate.« Nach diesem Motto handelte er auch: Eines Tages beging ein Mitarbeiter den Fehler seines Lebens, IBM verlor 600 000 Dollar, und alle waren sicher: Der Chef wirft ihn raus. Doch Tom Watson sagte trocken: »Ich habe gerade 600 000 Dollar in seine Ausbildung investiert. Warum sollte jemand anders diese Erfahrung gratis bekommen?«

Ein Unternehmen kann heute nur überleben, wenn es schneller als die Wettbewerber ist: schneller erfindet, schneller entscheidet, schneller bedient. Die Angst vor Fehlern bremst Mitarbeiter aus. Lieber gar nichts tun – als das Falsche! Lieber zu spät mit Chefsegen handeln – als rechtzeitig mit eigenem Fehlerrisiko.

Die Fehlerallergiker drücken ihre Mitarbeiter in die Tempo-30-Zone. Solche Firmen lahmen und werden die Globalisierung nicht überleben.

»Bei Fehlern gibt es einen Schuldigen«: Großer Ärger bei einer Kaufhauskette! Eine wichtige Anzeige ist nicht erschienen.

Und das am Wochenende vor Weihnachten. Der zuständige Mitarbeiter, ein Marketing-Spezialist, ist der Buhmann. Er wird von seinen Chefs beschimpft, beschuldigt, gedemütigt. Man rechnet ihm vor, wie viel Geld sein Versagen den Konzern kosten wird. Der Unglücksrabe erhält eine Abmahnung und wird strafversetzt. Damit ist der Fall für die Chefs erledigt.

ABER: Warum fragt keiner, wo die Fehler *im System* lagen? Hatte der Mitarbeiter genug Zeit, die Anzeige abzunehmen? Ist seine Abteilung ausreichend besetzt? Hat ihn sein Vorgesetzter mit anderen Aufgaben überhäuft? Warum gab es keine weitere Kontrollinstanz? Oder kam die Anzeige auf den letzten Drücker, weil das Management sich mal wieder nicht auf ein Motiv festlegen konnte?

Diese Fragen würden nicht nur eine selbstherrliche Inquisition verhindern, sie würden auch einer Gefahr vorbeugen: dass sich der gleiche Fehler wiederholt. Allerdings ist es einfacher für die Chefs, einen Sündenbock hinzurichten, als den eigenen Anteil kritisch zu beleuchten.

Der Mitarbeiter liegt (immer) daneben: Es war in der zweiten Hälfe der 1990er Jahre, als die Chefs der Deutschen Bank plötzlich ihr Interesse an Privatkunden verloren: Man schob sie ab in ein hauseigenes Arme-Leute-Institut (Deutsche Bank 24). Jana Böttcher (47), am Schalter einer Filiale tätig, bekam die Folgen dieser Politik in den täglichen Kundengesprächen zu spüren: Die langjährigen Sparer waren beleidigt, lösten Konten auf, wanderten zur Konkurrenz.

Mehrfach ging sie auf ihren Chef zu und machte ihm deutlich, wie wichtig die Privatkunden für die Bank seien: »Sie bringen nicht nur Geld – sie prägen mit ihrer Meinung doch auch unser Image!« Der Filialdirektor winkte ab: »Das sehen Sie falsch!« Richtig war für ihn nur die neue Strategie des Managements: die Konzentration auf kapitalstarke Unternehmen. Die Argumente der Mitarbeiterin wollte er nicht hören.

ABER: Woher nahm der Filialdirektor das Recht, den Standpunkt der Mitarbeiter als »falsch« zu bezeichnen? Hat er, wie viele Chefs, zweierlei verwechselt: Rechtbehalten (eine Frage der Macht) und Rechthaben (eine Frage der Argumente)? Hätte er sich nicht gerade für den konträren Standpunkt aus der Geschäftspraxis interessieren müssen?

Wahr ist: Geschäftliche Entscheidungen sind keine Rechnungen, die man »richtig« oder »falsch« lösen kann. Es gibt Gründe für jede Entscheidung, es gibt Gründe dagegen. Jeder bastelt sich seine eigene Wirklichkeit. Souveräne Chefs haben immer ein offenes Ohr für die Gegenposition – nur wer den Gegenverkehr beachtet, kann eine eigene Geisterfahrt erkennen!

Jana Böttcher durfte ein paar Jahre später miterleben, wie die Geisterfahrer wendeten: Plötzlich sang ihr Chef, plötzlich sangen die Manager der Zentrale wieder das Hohelied von der Bedeutung der Privatkunden. Die Kritik der Mitarbeiter war überhört, die Warnung der Geschäftszahlen wieder einmal erhört worden.

6. Clown im Motivationszirkus

Wenn ein Chef lobt, bis sich die Balken biegen, wenn er Phrasen drischt, Prämien ausschreibt, Reisen verschenkt, dann ist er verrückt geworden. Oder er kommt gerade vom Motivationsseminar! Dieser faule Zauber wirkt auf die Mitarbeiter wie eine Vogelscheuche auf einen Schwarm Spatzen. Hier lesen Sie unter anderem …

- warum Chefs verkennen, dass »Motivationsprogramm« nur ein anderes Wort für »Bumerang« ist;
- wie der Außenstellenleiter einer Versicherung auf seine Mitarbeiter öffentliche Pferdewetten abschließt;
- und welche fatale Gemeinsamkeit es zwischen den Pyramiden von Gizeh und der Motivationspyramide von Maslow gibt.

Der Schlafwagen-Schaffner

Der Geschäftsführer eines Metallbetriebes, Bernd Winkler (48), seufzte: »Manchmal komm' ich mir wie der Schaffner in einem Schlafwagen vor: Alle dösen vor sich hin, und ich muss sie wecken.« Beim Aufrütteln seiner Mitarbeiter sollte ich ihn unterstützen – durch einen Motivationsworkshop. Er dachte »an einen Tag mit feurigen Reden, Gruppenspielen und diesem ganzen Zirkus«.

Bernd Winkler war gewillt, in die Motivation seiner Mitarbeiter zu investieren. Aber reichte es aus, mit der Motivationstrommel durch den »Schlafwagen« zu laufen? Waren die Mitarbeiter tatsächlich »verschlafen«? Und was trug er, der Geschäftsführer, eigentlich zu dieser Müdigkeit bei?

Ich fragte: »Warum stufen Sie Ihre Mitarbeiter als Schlafmützen ein?«

»Viele erreichen ihre Jahresziele nur mit Ach und Krach. Um 17.30 Uhr sind die Büros ausgestorben. Und neulich stand in der Lokalzeitung: Ein Mitarbeiter ist den Marathon in New York gelaufen. Das müssen Sie sich mal vorstellen!« Er klang verärgert.

»Was ist so schlimm daran?«

»Der Kontrast! In der Firma muss ich diesen Mitarbeiter zum Jagen tragen. Aber kaum, dass er Feierabend macht, wird er offenbar zum Energiebündel: Trainiert für einen Marathon. Und läuft ihn in einer Bombenzeit.«

»Dann haben Sie einen Mann mit Potenzial eingestellt: Er hält durch, ist zielstrebig und von innen heraus motiviert!«

Er kniff die Augen zusammen, als würde er gegen die Sonne schauen: »Wollen Sie mich auf den Arm nehmen? Was habe ich davon, wenn er in seiner Freizeit Bäume ausreißt? Das tun einige meiner Mitarbeiter.«

»Ihre Leute haben also zwei Gesichter – nach Feierabend: engagiert, lustvoll, zielstrebig; vor Feierabend: nichts davon?«

Er nickte eifrig: »Genau so ist es! Und deshalb kam mir ja die Idee mit dem Motivationsworkshop.«

»Aber was macht Ihre Mitarbeiter am Arbeitsplatz denn so müde? Warum gehen sie nicht mit derselben Energie wie in ihrer Freizeit ans Werk?«

»Gute Frage, also …« Er zögerte, kratzte sich am Kinn. »Ich glaube, das macht die Gleichgültigkeit. In der Firma ist den Leuten alles egal. Sie übernehmen keine Verantwortung.«

»Die Verantwortung übernehmen Sie?«

Er schob die Brust nach vorne: »Ja, ich und die Abteilungsleiter! Wir prüfen Arbeitsergebnisse, überwachen Termine, bügeln Fehler aus, geben haargenau die Ziele vor. Wir kümmern uns um alles, sogar um die Details.«

»Können Sie sich an Ihr Bild vom Anfang erinnern? Sie haben sich als Schaffner in einem Schlafwagen bezeichnet. Und was tut ein Schaffner?«

»Worauf wollen Sie hinaus? Der kontrolliert Fahrkarten.«

»Ja, der Schaffner ist ein Kontrolleur. Und wenn man weiß, dass er ohnehin durchs Zugabteil läuft – warum sollte man dann aus eigener Initiative mit seiner Fahrkarte auf ihn zukommen? Wenn man weiß, er weckt einen vor der nächsten Station – warum sollte man dann freiwillig wach bleiben?«

Er funkelte mich aus schmalen Augenschlitzen an: »Sie glauben, wir Führungskräfte machen die Mitarbeiter durch unser Verhalten schläfrig?«

In der Tat: Wenn die Führungskräfte sich »sogar um die Details« kümmern – was bleibt dann für die Mitarbeiter? Wenn sie die Verantwortung für Alltägliches »übernehmen« – wem nehmen sie diese Verantwortung weg? Und wenn sie die Ziele »haargenau« stecken – wo ist dann noch Raum für Eigeninitiative?

Die Gretchenfrage der Motivation lautet: Sind Mitarbeiter fußkranke Gesellen und der Chef muss ihnen eine Motivationsspritze in den Allerwertesten jagen, damit sie sich vorwärtsbewegen? Oder bringen sie Höchstleistungen auch von selbst, wenn man sie mit Verantwortung und einer Aufgabe betraut, die sie wirklich reizt?

In Führungsseminaren wird Motivation oft mit folgender Zeichnung erklärt: Der Boss hält eine Stange in der Hand, darunter hängt eine Möhre, und diese Möhre lässt er dem Mitarbeiter – einem Esel – fortwährend vor dem Maul baumeln. Das Mitarbeiter-Tier durchschaut dieses Spiel nicht, läuft dumm und hungrig vorwärts (selbstverständlich ohne die Möhre je zu erreichen, denn darin liegt der Trick).

Ist das Motivation? Nein, Manipulation ist das! Mit Recht raunen sich die Mitarbeiter oft zu: »Hast du gehört, der Chef war wieder bei einem Manipulationsseminar!« Wie oft überfluten Chefs die ganze Abteilung mit dem Kunstlicht ihrer guten Laune, schütten das Falschgeld ihres Lobes über Mitarbeitern aus, feuern ihr Team in billigster Animateur-Manier an und lassen den Arbeitstag morgens mit Hurra-Workshops beginnen. Im Doktorkoffer des Motivators befinden sich unter anderem: Leistungsprämie und Spontanansprache, Belobigung und Betriebsausflug, Incentive-Reise und der zu vergebende Titel »Mitarbeiter des Jahres«.

Was dieser Motivationszauber soll? Den Mitarbeitern »Beine machen«. Als ob sie sonst keine hätten! Die Mitarbeiter stehen unter dem Generalverdacht der Faulheit; die Chefs unterstellen ihnen stille Leistungsreserven und vermuten den Fleiß mindestens einen Kontinent weit entfernt; wie schrieb doch der israelische Satiriker Ephraim Kishon: »Die Asiaten haben den Weltmarkt mit unlauteren Methoden erobert – sie arbeiten während der Arbeitszeit.«

Tausende von Vorgesetzten spielen täglich die schäbige Klaviatur der Motivationsorgel rauf und runter – Tausende von Mitarbeitern durchschauen die falschen Töne und ärgern sich doppelt: Man hält sie für faul genug, dass es dieser Melodie bedarf – und für dumm genug, darauf reinzufallen.

Dabei liegt es doch auf der Hand: Wer in seiner Freizeit ein Marathontraining durchhält, bringt auch für berufliche Herausforderungen genug Ehrgeiz und Ausdauer mit. Er braucht keine Motivationsphrasen des Chefs im Ohr und keine Peitschenhiebe im Nacken; er braucht nur ein reizvolles Ziel, das er selbst mitbestimmen kann. Interessante Arbeit ist Anreiz genug; so einfach könnte Motivation sein!

Stattdessen: Faulheitsverdacht. Zwei Möglichkeiten bleiben dem Mitarbeiter: Er kann dem Sirenengesang der Motivierung folgen. Dann gilt er bei seinem Chef immer noch als faul und noch dazu als dumm (denn er hat sich verführen lassen). Oder er folgt dem Gesang nicht. Dann gilt er ebenfalls als faul, aber immerhin als schlau (denn er hat dem Sirenengesang widerstanden). Die Mitarbeiter entscheiden sich oft für Letzteres – und werden jenem Bild, das die Chefs von ihnen haben, immer ähnlicher. Eine sich selbst erfüllende Prophezeiung!

Zum Beispiel hatte der Geschäftsführer des Metallbetriebes von »haargenau« vorgegebenen Zielen gesprochen, die seine Leute »nur mit Ach und Krach« erreichten. Warum begreift er nicht: »Haargenaue« Ziele führen allenfalls zu einer »haargenauen« Einhaltung – und nicht zu mehr! Der Mitarbeiter verhält sich wie ein 100-Meter-Läufer: Sobald er die Ziellinie überschritten hat, bremst er ab. Ohne die Linie wäre er garantiert weiter gelaufen!

Übrigens: Der Motivationsworkshop in dem Metallbetrieb kam zustande. Allerdings mit einem anderen Trainer; ich hatte wohl zu unbequeme Fragen gestellt ...

Motivation auf Rezept

Was kann ein Chef mehr tun, als seine Belegschaft mit einem Motivationsworkshop zu triezen? Ganz einfach: ein Motivationsprogramm ansetzen. Es handelt sich dabei um eine kollektive Gehirnwäsche. Nur funktioniert das Waschmittel nicht: Die Giftflecken des Alltags, die Ignoranz und Geringschätzung, haben sich zu tief in die Köpfe der Mitarbeiter gefressen, als dass der Motivationsschaum sie wegspülen könnte.

Die Arbeitslust muss aus dem letzten Loch pfeifen, die gefühlte Temperatur in der Firma so tief sein, dass Sibirien als Südseestaat erscheint – frühestens dann ruft der Chef ein »Motivationsprogramm« ins Leben. Er pfeift einen Erlöser herbei, einen dackeltreuen Motivationstrainer, und schon kann die Gehirnwäsche beginnen.

Der Vorwaschgang besteht aus einem Fragebogen, durch den die Mitarbeiter eine völlig neue Erfahrung machen: Sie werden nach ihrer Meinung gefragt! Zum Beispiel lauten die Fragen (und manch Frustrierter denkt die Antwort heimlich mit): »Was macht Ihnen Freude an Ihrer Arbeit? («Wenn ich den Chef nicht sehe!«) – Welche Visionen prägen die Firmenphilosophie? («Den Psychiater des Geschäftsführers fragen!«) – »Wie schätzen Sie das Klima im Team ein?« («Um die globale Klimaerwärmung müssen wir uns keine Sorgen machen!«) – »Wie beurteilen Sie den Führungsstil Ihres Vorgesetzten?« («Ich sehe keine Führung und erst recht keinen Stil!«).

Auf dem Papier aber geht es gesittet zu. Meist spaltet sich die Belegschaft in zwei Hälften: in weniger Frustrierte, die brav antworten und auf die zugesicherte Anonymität vertrauen. Und in völlig Frustrierte, die sich dem Programm verweigern (schließlich könnten sie an der Handschrift erkannt und wegen »schwerer Beleidigung« belangt werden!); die Rücklaufquote der Fragebögen liegt selten über 50 Prozent. Das Ergebnis der Umfrage: ein positives Zerrbild, nicht mal eine halbe Wahrheit, da die weniger Frustrierten dem Chef oft nach dem Mund reden.

Dann schaltet die Gehirnwäsche in den Hauptwaschgang: Mit Segen der Geschäftsführung werden aus den Umfrageergebnissen konkrete Maßnahmen für den Alltag abgeleitet. Wenn die Mitarbeiter zum Beispiel »mangelnden Informationsfluss aus der Geschäftsleitung« beklagen, wird im Zwei-Wochen-Rhythmus ein Alibimeeting angesetzt (zweimal abgehalten, dann auf Dauer vergessen!). Und wenn ihnen die Stimmung im Team nicht gefällt, schlägt das Motivationsprogramm sofort einen gemeinsamen Kegelausflug vor (womit der tägliche Konkurrenzkampf auf der Kegelbahn fortgesetzt wird!).

Aber die eigentlichen Probleme? Etwa der autoritäre Führungsstil, die zu dünne Personaldecke, der hohe Arbeitsdruck? Die Konkurrenz unter den Mitarbeitern, die vom Chef geschürt wird? Diese Punkte sind erst gar nicht ins Motivationsprogramm eingeflossen: Die wirklich Frustrierten haben ihre Fragebögen ja gleich durch den Papierwolf gejagt. Sie durchschauen, welche Interessen der Motivationstrainer vertritt: nicht ihre (wie behauptet), sondern die des Chefs (wie bezahlt). Sie fragen sich, woher ihr Chef die Zeit und das Geld dafür nimmt – derselbe Chef, der so selten zuhört bei ihren Anliegen (keine Zeit!) und noch seltener zustimmt bei ihren Wünschen, sofern die etwas kosten (kein Geld!). Sie sehen sich einem erneuten Betrugsversuch ausgesetzt.

Die Gehirnwäsche endet mit dem Nachspülen. Etwa ein Jahr nach Beginn des Programms macht die Firmenzeitung mit einer Triumphmeldung auf:

Motivationsprogramm voller Erfolg!
Viele Mitarbeiter haben sich in unser Motivationsprogramm eingebracht. An dieser Stelle noch einmal herzlichen Dank dafür! Wie sehr sich die Anstrengungen

gelohnt haben, lässt sich schon nach zwölf Monaten sagen. Es gibt etliche Hinweise für eine höhere Motivation. So ist der Krankenstand gesunken, und zwar um ...«

Weniger Krankheitstage – das heben die motivationsbeflissenen Chefs gern hervor und zeigen so ihr wahres Mitarbeiterbild: Sie führen Krankheitstage nicht auf mangelnde Gesundheit (vielleicht durch Überarbeitung!), sondern nur auf mangelnde Motivation zurück. Und sie erkennen im Rückgang an Krankmeldungen keine gewachsene Angst um den Arbeitsplatz, sondern nur gewachsene Motivation.
Wo der faule Interpretationszauber nicht hilft, werden die Zahlen frisiert. Bei einem mittelständischen Schraubenhersteller wurde der Assistent des Geschäftsführers Mitte Dezember von diesem aufgefordert, die Quote der Mitarbeiterbeteiligung durch fünf eigene Verbesserungsvorschläge noch über das Niveau des Vorjahres zu treiben. Dieser Anstieg wurde dann dreist als Triumph verkauft.
Die Mitarbeiter indes lassen sich von dieser Schaumschlägerei den Blick nicht trüben; ihre Faust in der Tasche schwillt an. Höchste Zeit für ein neues Motivationsprogramm!

Provision als Hohn

Es lag am Produkt, allein am Produkt! Die Außendienstmitarbeiter des Büroartikelvertreibers wurden die neuen Kopierer der Firma einfach nicht los. Zwar waren die Geräte die reinsten Zaubermaschinen, in Sekundenschnelle fraßen sie hundert Blatt Papier und spuckten die Kopien, auf Wunsch geklammert und numeriert, in einzelnen Fächern wieder aus.

Solche Über-Kopierer wurden vielleicht im Deutschen Bundestag benötigt – nicht aber in mittelständischen Unternehmen. Und die waren die Hauptkunden. Also ging es nicht aufwärts mit den Umsätzen, wie es sich die Geschäftsleitung durch die hochpreisigen Geräte versprochen hatte, es ging abwärts.

Die Außendienstmitarbeiter, unter ihnen mein Klient Arno Zeisel (40), machten Rabatz. Sie forderten die Geschäftsleitung auf, wieder herkömmliche Kopierer anbieten zu dürfen. Zumal ihre Vergütung von den Provisionen abhing und ebenfalls sank. Schließlich wurde eine Sitzung mit allen Außendienstmitarbeitern einberufen. Der Vertriebsleiter wollte, so die Einladung, »das Problem diskutieren und vernünftig lösen«.

Zu Beginn der Runde teilte er verbales Zuckerbrot aus: »Ich weiß ja: Sie alle sind engagiert. Und ich weiß auch: Neue Produkte wecken beim Kunden immer alte Vorurteile ...«

Arno Zeisel antwortete: »Ja, aber diesmal geht es nicht um das neue Produkt an sich – es passt einfach nicht zu unseren Kunden.«

Der Vertriebsleiter nickte ihm freundlich zu (und nur ein winziges Funkeln in seinen Augen verriet, dass er sich ärgerte): »Die Geräte sind erstklassig und haben sich am Weltmarkt schon etabliert. Zum Beispiel weiß ich aus Japan, dass die allermeisten Großunternehmen ...«

»Aber wir beliefern kleine Unternehmen – nicht in Japan, sondern in Deutschland.«

»Danke für den geographischen Hinweis, Herr Zeisel! Aber auch unser Wettbewerber hat auf ähnliche Geräte umgestellt. Und überall auf der Welt wollen die Kunden bei der Technik das Feinste vom Feinen.«

»Aber Sie können jemanden, der nur einen Kleinwagen will, keinen Rolls-Royce verkaufen. Das ist auch eine Geldfrage.«
Der Vertriebsleiter nickte wieder (und seine Augen funkelten noch etwas gefährlicher): »Herr Zeisel, meine Damen und Herren! Ich nehme Ihre Bedenken ja grundsätzlich auf. Und ich möchte Ihnen einen Vorschlag machen, der Ihre Meinung sicher ändern wird …«
Sein Geniestreich sah so aus: Die Mitarbeiter sollten für jedes abgesetzte Gerät eine zusätzliche Prämie von hundert Euro bekommen. Erwartungsvoll sah er in die Runde; offenbar war er sicher, dieser Vorschlag würde alle Probleme in Wohlgefallen auflösen.
Der Vertriebsleiter zweifelte nicht am Produkt, er zweifelte nur an der Motivation seiner Mitarbeiter. Der Preis des Kopierers? Die komplizierte Bedienung, die hohe Zahl der Funktionen? Alles Ausreden! Die Mitarbeiter wollten nicht. Und basta. Man musste ihnen nur eine Prämie hinhalten (wie dem Esel die Möhre vor die Nase) – und schon würde es wieder vorwärtsgehen.
Den Protest, den sein Vorschlag auslöste, bekam er natürlich auch in den falschen Hals: »Verstehe, meine Herren, Sie sind ja Verkaufsprofis. Sagen wir: nicht hundert Euro Prämie; sagen wir: hundertzehn!«
Er tat das, was so viele Chefs tun – er verweigerte sich der Einsicht, dass die Leistung eines Mitarbeiters immer von drei Komponenten abhängt: von der Leistungsfähigkeit (stimmen Aus- und Fortbildung?), der Leistungsmöglichkeit (stimmen Arbeitsplatz und Arbeitsrahmen?) und von der Leistungsbereitschaft (will er überhaupt?). Die typische Motivierung zielt immer nur auf den letzten Punkt, immer nur auf den Willen der Mitarbeiter. Damit sitzen die Mitarbeiter auf der Anklagebank – und das wahre Problem bleibt außen vor.

In den meisten Fällen wollen die Mitarbeiter sehr wohl, werden aber ausgebremst – oft durch das Verhalten ihrer Chefs. Wenn ein junger Konstrukteur bei seinen Entwürfen immer wieder Fehler macht, scheitert er dann wirklich an seinem Willen? Oder daran, dass ihm seit Monaten eine teure Schulung für das neue Zeichenprogramm verweigert wird (mangelnde Leistungsfähigkeit)? Und die Außendienstmitarbeiter sind beim Verkauf des neuen Kopierers auch nicht über ihren Willen gestolpert – nur darüber, dass ihr Chef sie mit dem falschen Produkt auf den Weg schickte (mangelnde Leistungsmöglichkeit).

Der Todesstoß für die Motivation: Ein Chef verhindert selbst den Erfolg seiner Mitarbeiter, aber er vermittelt ihnen durch Motivationstricks den Eindruck: »Es liegt an euch faulem Pack, ihr wollt nicht!«

Übrigens wurde die teure Kopiererserie ein paar Monate später dann doch vom Markt genommen – als der Wettbewerber seinen entsprechenden Versuch für gescheitert erklärte. Diese Pressemitteilung aus einem fremden Haus wog schwerer als alles, was die eigenen Mitarbeiter vorgebracht hatten. Willkommen in der Motivationswüste!

Die Pferdewette

Das Schaubild hing an der Wand des Chefbüros, direkt überm Schreibtisch, und es glich einer quergelegten Wahlprognose: Balken in verschiedenen Farben, offenbar in Konkurrenz zueinander, erstreckten sich über die gesamte Plakatbreite. In jedem Balken stand ein Name, und einer wurde mit rotem Textmarker aus der Masse gehoben – offenbar der Spitzenreiter.

»Rennliste« – so nannte der Außenbüroleiter einer großen Versicherungsgruppe dieses Schaubild, in dem er Woche für Woche die Umsätze seiner Mitarbeiter festhielt. Wer am Ende des Monats vorne lag, wurde in Gegenwart seiner Kollegen mit einem Prämienscheck ausgezeichnet. Am Jahresende durfte der Gesamtsieger seine Koffer für eine Incentivereise in die Karibik packen. Sieben Tage Sonderurlaub und ein Taschengeld legte der Chef noch obendrauf. »Wenn das keine Motivation ist!«, pflegte er zu sagen. Er hielt sich für einen Mitarbeiterfreund, einen Motivationskünstler erster Güte.

Doch wie kam die »Rennliste« bei den dreizehn Mitarbeitern an? Gefiel es ihnen, dass ihre Verkaufsergebnisse sogar für die Putzkolonne einsehbar waren? War der Vergleich mit den erfolgreichsten Kollegen wirklich motivierend, war er gut fürs Arbeitsklima?

Zwei Mitarbeiter – das war bekannt – konnten sich auf den Tod nicht leiden: die beiden »Starverkäufer«. Jeden Monat machten sie den Sieg im Prämienrennen unter sich aus. Sie unterstellten sich gegenseitig, die Umsätze künstlich in die Höhe zu treiben, nur um das Preisgeld abzuräumen (durch Abschlüsse, die später wieder storniert wurden). Ihre Erfolgsrezepte im Verkauf waren den Kollegen ohnehin unbekannt, die beiden sprachen nie darüber, wohl um keine Prämienkonkurrenz heranzuzüchten.

Von den anderen Mitarbeitern wurde die Rennliste nicht als Ansporn erlebt, wie gedacht, sondern als Frontalangriff, als ständige Mahnung, mehr zu leisten. Jedes Lob, das der Chef den beiden Starverkäufern aussprach, kam bei den anderen als Mahnung an: »Das müsst ihr auch schaffen, ihr lahmen Gäule!«

Die Motivationsbilanz fiel verheerend aus: Wenn es dem Chef

mit der Monatsprämie gelang, einen Mitarbeiter zu motivieren, so gelang es ihm auch, zwölf Mitarbeiter zu demotivieren. Wenn es ihm gelang, mit der Incentivereise einen Mitarbeiter zu beglücken, so gelang es auch, zwölf Mitarbeiter unglücklich zu machen. Gab nicht jeder sein Bestes? Griff eine reine Zahlenbewertung nicht viel zu kurz? Die Balken nahmen keine Rücksicht darauf, wie groß und wie zahlungskräftig der Kundenstamm eines Mitarbeiters war, ob er verantwortungsbewusst beriet oder brutal verkaufte (also Kunden langfristig verprellte).

Ahnen Sie, welche beiden Kollegen am meisten gehasst wurden? Die beiden Starverkäufer! Die anderen sahen sie nicht als Vorbilder, wie vom Chef gewünscht, sondern als Strebertypen und Seelenverkäufer, denen man eher Klassenkeile gegönnt hätte als ihre Prämien.

Der Vorgesetzte beging jenen typischen Fehler, der sich am besten mit einem Bild des Managementkritikers Reinhard K. Sprenger (*Mythos Motivation*) beschreiben lässt: Er goss nur zwei bestimmte Blumen, sagte aber zu allen anderen: »Nun wachst mal schön!«

»Rennliste« – schon dieser im Vertrieb übliche Begriff sagt viel über die Gesinnung: Die Mitarbeiter werden zu Pferden degradiert, der Vorgesetzte schließt Wetten auf sie ab, und jetzt fehlen nur noch der Startschuss und die Peitsche. Tatsächlich knallt es oft beim Jahresgespräch: Nach der öffentlichen Bloßstellung werden die lahmen Gäule unter vier Augen ins Gebet genommen. Dabei dürfen sie aber nicht mit derselben Rücksicht rechnen wie ein Pferd. Wenn ein solches Tier lahmt, würde es kein Reiter blindlings antreiben, ohne zu klären: Was fehlt dem Pferd eigentlich?

Wenn ein Mitarbeiter die gewünschte Leistung nicht bringt –

welcher Chef fragt dann nach den Gründen? Der Mitarbeiter wird blindlings angetrieben. Das ist so, als würde man ein lahmendes Pferd mit einer Hufkrankheit gnadenlos vorwärtspeitschen. Beim Pferd hat diese Krankheit eine Ursache: Es steht zu feucht, zu dreckig, wird nicht ausreichend gepflegt.

Bleibt die Frage: Auf welchem Boden stehen die Mitarbeiter? Wie pfleglich werden sie von ihren Chefs behandelt? Und was nützen Zuckerbrot und Peitsche, wenn es an ganz anderer Stelle krankt?

Der Pyramiden-Irrtum

Die Pyramiden von Gizeh gelten als Weltwunder der Antike, sie wurde um 2500 vor Christus gebaut. Das Weltwunder der Motivation, auch eine Pyramide, wurde in den Vierzigerjahren vom US-Psychologen Abraham Maslow entwickelt. So erfreulich es ist, dass die Pyramiden von Gizeh noch stehen (als einziges der sieben Weltwunder), so unerfreulich ist es, dass die Bedürfnispyramide von Maslow noch nicht gefallen ist; man kann dieses verstaubte Modell noch immer auf jedem Motivationsseminar besichtigen. Chefs können ihm angeblich entnehmen, was Mitarbeiter vorwärtstreibt.

Maslow stellt die Bedürfnisse der Mitarbeiter als eine Pyramide mit fünf Ebenen dar: unten das Fundament, die (unverzichtbaren) Grundbedürfnisse – oben das Dach, die verzichtbaren Restbedürfnisse. Seine These lautet: Erst wenn die Bedürfnisse der unteren Ebene(n) erfüllt sind, kommen die höheren zum Tragen.

Schauen wir uns die Pyramide näher an:

Was braucht ein Mitarbeiter, um seine Existenzbedürfnisse zu befriedigen (erste Ebene)? Sein festes Gehalt! Damit füllt er den Kühlschrank, kauft Kleidung, zahlt Miete; das ist ihm am wichtigsten. Erst wenn er satt, gekleidet und behaust ist, kommt ihm die Sicherheit in den Sinn (zweite Bedürfnisebene): Er will Geld auf die Seite legen oder ein Haus bauen. Dafür braucht er einen sicheren Arbeitsplatz und ein – möglichst – wachsendes Gehalt.

Dieses Fundament muss bombenfest stehen, ehe er noch mehr begehrt. Der Mitarbeiter fragt sich zum Beispiel, wie der soziale Kontakt aussieht, die Stimmung am Arbeitsplatz (dritte Ebene). Alles zum Besten? Dann geht er einen Schritt weiter und achtet auf die Anerkennung, vor allem durch seinen Chef (vierte Ebene).

Aber wer kann überhaupt bis in die vierte Ebene vordringen?

Wo sind die Arbeitsplätze heute wirklich sicher, wo steigen die Gehälter regelmäßig, wo ist das Klima gedeihlich? Doch halt, war da nicht noch ein weiteres Bedürfnis, ein Sahnehäubchen ganz oben? Richtig, die Selbstverwirklichung. Reine Theorie, wo doch schon die vierte Ebene zu hoch hängt.

Motivieren ist demnach ein Kinderspiel: Das Faustpfand der Existenz, der Arbeitsplatz, liegt in der Hand des Chefs. Er braucht nur kurz daran zu rütteln, schon pfeift der Mitarbeiter auf das Klima, auf die Anerkennung und erst recht auf die Selbstverwirklichung. Immer öfter zielen Manager auf die erste Bedürfnisebene. Zum Beispiel muten sie Mitarbeitern Gehaltskürzungen oder Entlassungen von Kollegen mit der Begründung zu: »Es ist in Ihrem Sinne – es sichert die Arbeitsplätze!«

So klingt die Motivationsorgel nach den Noten von Abraham Maslow. Und dieses Lied der Existenzsicherung hat die Mitarbeiter einst, zu Zeiten des Wirtschaftswunders, in Scharen verlockt. Sie buddelten sich aus den Trümmern des Zweiten Weltkriegs heraus, bauten Existenzen auf, legten sich krumm für den ersten VW-Käfer und das eigene Häuschen. Man arbeitete nicht, um zu leben – man lebte, um zu arbeiten.

Doch seit den Siebzigerjahren hat sich, von vielen Chefs unbemerkt, ein Wertewandel vollzogen. Die alte Melodie stößt immer öfter auf taube Ohren. Der Soziologe Ronald Inglehart spricht von einer »stillen Revolution«. Die Menschen orientieren sich um, vom Materiellen zum Ideellen; Sicherheit allein ist ihnen zu wenig (sonst wäre die Motivation in den Behörden am höchsten!), ein hohes Gehalt genauso (sonst wäre in der Finanzbranche, wo am besten bezahlt wird, die Motivation mit Abstand am größten): Sie wollen in ihrer Arbeit auch Sinn, Freude und Erfüllung finden.

Am höchsten ist die Motivation, am glücklichsten sind die Gesichter dort, wo die Menschen sich selbst verwirklichen können. Denken Sie an Organisationen wie *Greenpeace*, *Attac* oder den *World Wildlife Fund*. Zahlen sie die höchsten Gehälter? Nein. Bieten sie die sichersten Arbeitsplätze? Nein. Dennoch werden sie von Bewerbungen überschwemmt, können unter Hochbegabten auswählen, müssen niemanden per Betriebsvereinbarung zu Überstunden zwingen (die Leute tun's freiwillig!).

Zweierlei zieht die Mitarbeiter an: Die Unternehmensziele decken sich mit ihren eigenen Idealen. Und die Vorgesetzten gehen nicht an der Krücke der hierarchischen Macht, sie führen demokratisch und leben die Werte vor.

Richtig, die Maslow'sche Pyramide steht noch. Aber schaut genau hin, Chefs! Sie steht auf dem Kopf, sie ist zum Kreisel geworden. Die Selbstverwirklichung ist heute Voraussetzung für eine hohe Motivation, die Führung muss sich am Mitarbeiter orientieren. Wer das nicht begreift und noch immer die falschen Töne auf der Motivationsorgel anschlägt, darf sich nicht wundern, wenn ihm die Mitarbeiter davonlaufen. Im Zweifel bis nach Kairo, zu den Pyramiden von Gizeh.

Von Lob und ähnlichem Gift

Es gibt einen Verräter, der die Gesinnung von Führungskräften gnadenlos aufdeckt: die Sprache. »Ich spende meinen Mitarbeitern regelmäßig Lob«, sagt die Gruppenleiterin eines Energiekonzerns. »Spende«! Sie, die Reiche, wirft ihren armen Mitarbeitern ein paar Spendengroschen in den Hut. Keine selbstlose Gabe, denn sie räumt ein: »Mit Lob führst du Menschen. Gib ihnen mehr davon, und du verstärkst das gelobte

Handeln. Gib ihnen weniger, und du bremst sie ab.« Sie weiß mit Sigmund Freud: »Gegen Angriffe kann man sich wehren, gegen Lob ist man machtlos.«

Aber ist Lob an sich nicht begrüßenswert? Sind Chefs in der Regel nicht viel zu geizig mit Anerkennung? Gibt es nicht Abertausende Mitarbeiter, die hungrig sind auf Lob? Lob ist Mangelware, und wer als Chef damit hausieren geht, kann hohe Preise erzielen: Die Mitarbeiter lassen sich von diesem Aufputschmittel an den Rand ihrer Leistungsgrenze treiben. Bis ihnen ein Licht aufgeht!

Und dieses Licht geht ihnen garantiert auf. Denn mit Lob verhält es sich wie mit Drogen: Man muss die Dosis steigern, um die Wirkung zu erhalten. Reicht anfangs ein Lob pro Woche, um den Mitarbeiter bei Laune zu halten, muss der Chef im fortgeschrittenen Suchtstadium fünfmal am Tag loben. Irgendwann ist die Überdosis perfekt. Die Arbeitsfreude des Mitarbeiters stirbt ab, er ist gegen weiteres Lob immun.

Dass nicht alle Mitarbeiter als Lob-Junkies enden, hat mit ihrem instinktiven Misstrauen zu tun. Viele ahnen das Dilemma; nicht umsonst sind »Lob und Tadel« im Deutschen als Wortpaar unterwegs. Wer als Mitarbeiter bereitwillig sein Hemd aufknöpft, um sich streicheln zu lassen, entblöst seine Haut auch für Schläge. Die englische Sprache macht das besonders deutlich: Mit »to stroke« kann beides gemeint sein – dass man gestreichelt *oder* geschlagen wird. Der Chef hat das Interpretationsmonopol, beurteilt von oben nach unten.

Schläge spüren Mitarbeiter sofort, vergiftetes Lob kommt oft mit zeitlicher Verzögerung an. Zum Beispiel eilt der Vorgesetzte ins Büro der Mitarbeiterin, vor seiner Brust jongliert er einen Aktenstapel, der ihm bis ans Kinn reicht. »Frau Maier«, hebt er feierlich an, »was ich Ihnen schon längst sagen wollte:

Ihr letztes Projekt haben Sie mit Bravour abgeschlossen, großen Respekt.« Frau Maier freut sich eine Schrecksekunde lang, die letzten drei Monate hatte niemand ein Wort über diese Leistung verloren. Nun lässt der Chef seine Aktenlawine über ihren Schreibtisch hereinbrechen, begleitet von der »kleinen Bitte«: »Können Sie sich um diesen Vorgang kümmern?«
Das Lob diente ihm nur als Stoßdämpfer, sollte die Zumutung abfedern. Frau Maier durchschaut das und wird künftig jedes Mal, wenn ihr Chef zu einem Lob abhebt, ihren Kopf länger als eine Schrecksekunde einziehen.
Lob wird von Führungskräften auch als Stoßdämpfer für gezielte Kritik missbraucht: »Sie wissen, ich schätze Ihre Fachkenntnis sehr, aber eines stört mich an Ihrer Arbeit enorm ...«
Was nach dem »Aber« folgt, entlarvt das vorangestellte Lob als billige Amateurpädagogik. Zwar hat der Chef den Kopf des Mitarbeiters für einen winzigen Moment aufgerichtet, aber nur, um die Schmerzgrenze für seinen folgenden Verbalschlag zu erhöhen.
Bei jedem Lob aus Chefmund lohnt die Frage: Ist es individuell und konkret? Oder handelt es sich um ein Fertigbauteil aus dem Lobkasten des Motivators, zweckgerichtet eingesetzt? Beliebte Bauteile sind: »Gut gemacht!«, »Exzellent!«, »Gefällt mir!«, »Reife Leistung!«. Das kann jeder Chef zu jedem Mitarbeiter sagen, auf dem Spargelfeld wie in der Werbeagentur. Diese Beliebigkeit entwertet das Lob.
Was genau hat der Werbetexter gut gemacht? Meint der Chef das Wortspiel in der zweiten Zeile des Slogans? Versteht er, dass der Dialog auf einen Filmklassiker verweist? Oder erkennt er, dass ein bestimmtes Wort exakt den Jargon der Zielgruppe trifft? Ein echtes Lob ist maßgeschneidert, der Mitarbeiter merkt: »Nur ich kann gemeint sein!«

Peinlich ist Lob dann, wenn der Chef damit nur seine Ahnungslosigkeit enthüllt – etwa den Werbtexter dafür lobt, dass der »diesmal besonders kurz und knackig« getextet habe, dieser Slogan aber der längste des Jahres ist! Gemein ist Lob, wenn der Mitarbeiter dadurch ausgebremst wird, etwa: »Ihre Fähigkeiten im operativen Geschäft sind so ausgezeichnet, dass wir eine Beförderung nicht riskieren wollen.«

Selbst bei echtem Lob bevorzugen Mitarbeiter die natürliche Form: die spontane Rückmeldung. Ein solches Lob muss der Vorgesetzte nicht »spenden« oder »erteilen«: Er sagt es einfach. Ein solches Lob muss nicht von oben nach unten fließen, es kann auch vom Mitarbeiter an den Chef gehen.

Chefs täten gut daran, Mitarbeiter seltener mit ihrer Meinung zu behelligen. Eine wertschätzende Frage erreicht mehr: »Wie sind Sie selbst mit dem Resultat Ihrer Arbeit zufrieden?« Erstaunlich, wie detailliert und reflektiert Mitarbeiter oft ihre eigene Arbeit beurteilen können – wenn man sie nur fragt!

7. Lügen ist Chefsache

Als die Wahrheitsliebe erfunden wurde, waren einige Chefs gerade verreist – wahrscheinlich auf der Kanonenkugel des Lügenbarons Münchhausen! Sie versprechen ihren Mitarbeitern viel, denn der Tag ist lang, und sie vergessen noch mehr, denn ihr Gedächtnis ist kurz. Hier lernen Sie die zehn gängigsten Cheflügen kennen, unter anderem erfahren Sie …

- warum ein neues Gehaltsmodell stets mehr Geld verspricht, aber weniger Geld bedeutet;
- warum die Interessen von Frauen gerade dort, wo Chefs die Gleichheit predigen, unter die Räder kommen;
- und weshalb Firmeninhaber, auch wenn ihr Konto überquillt, mit ihrem Unternehmen angeblich immer in den »roten Zahlen« stecken.

Die zehn größten Cheflügen

Wenn es stimmt, dass am Ende die Wahrheit siegt, stehen etliche Chefs noch ganz am Anfang. Ihre Wörter gleichen Katzengold, denn sie blenden. Ihre Versprechungen gleichen Leichtgas, denn sie verflüchtigen sich. Jedes Wort will vom Mitarbeiter einem Bisstest unterzogen, auf seinen Wahrheitsgehalt geprüft sein. Wer die beliebtesten zehn Cheflügen kennt, tut sich bei diesem Test leichter:

Lüge 1: »Nach dem neuen Gehaltsmodell verdienen Sie mehr!«

In der Teamrunde herrscht angespannte Stille; das »neue Gehaltsmodell« soll heute vorgestellt werden. Der Chef räuspert sich, ergreift das Wort: »Wir haben uns im Management wieder einmal die wichtigste aller Fragen gestellt: Wie können wir noch mehr Geld sparen?« Zwei Mitarbeiter tuscheln miteinander. Eine Frau schüttelt den Kopf und raschelt mit ihrem Schreibblock. Finstere Blicke heften sich an den Chef.

Der fährt unbeirrt fort: »Und da sind wir auf eine Idee gekommen, die sich schon in der Vergangenheit bewährt hat: Wir kürzen Ihr Einkommen!« Ein Proteststurm hebt an: »Immer bei uns!« – »Das ist wieder typisch!« – »Aber Sie können doch nicht ...«

»Doch, ich kann sehr wohl ...«, fährt der Chef fort, »... ich kann sehr wohl Ihre Gehälter zusammenstreichen. Aber mit Ihrem Protest habe ich schon gerechnet. Deshalb habe ich eine Vorschlag zur Güte ...«

Stille im Raum: Was kommt jetzt?

»Ich schlage vor, dass ich Ihnen Ihren Verdienst nicht plump zusammenstreiche – ich verkaufe Ihnen diese dreiste Kürzung als ›neues Gehaltsmodell‹. Einverstanden?«

Eine Welle der Wut bricht los ...

Diese Geschichte kommt Ihnen merkwürdig vor? Sie unterstellen mir, ich hätte das Lügenkapitel mit einer Lüge eröffnet? Stimmt! Aber ganz erfunden ist die Situation nicht; die Worte des Chefs treffen zu. Nur dass er sie heimlich denkt – und nach außen ganz anders argumentiert: Die Firma, so behauptet er, wolle den Mitarbeitern freiwillig Geld schenken (ist in der Menschheitsgeschichte noch nie vorgekommen!); und weil

sich Leistung wieder lohnen soll, habe das spendable Management ein neues Gehaltsmodell ... Die Mitarbeiter ahnen, worauf es hinausläuft. Aber was können sie dagegen tun?
Eine beliebte Variante dieser getarnten Gehaltskürzung haben die Manager eines Lifestylekonzerns vorgemacht: Sie tauften das »Weihnachtsgeld« zur »Prämie« um. Nun floss es nicht mehr als dreizehntes Gehalt aufs Konto wie bisher – jetzt hing es davon ab, inwieweit der Mitarbeiter seine Jahresziele erreichte. Etliche gingen leer aus.
Aber können Mitarbeiter nach neuen Gehaltsmodellen nicht tatsächlich mehr verdienen, wenn sie ihre Ziele übererfüllen? Theoretisch ist das ebenso möglich wie ein Lottogewinn, eine Ölquelle im Vorgarten oder ein 365 Tage im Jahr gutgelaunter Vorgesetzter.

Lüge 2: »Ihr Arbeitsplatz ist sicher (erst recht nach der Fusion).«

Wann predigen Eltern ihren Kindern, der Zahnarzt sei harmlos? Kurz vorm Zahnarztbesuch. Wann predigen Chefs, dass nicht entlassen wird? Kurz vorm Entlassen (und nicht, wenn die Arbeitsplätze sicher sind!). Bei Bertolt Brecht heißt es: »Die Oberen reden vom Frieden – kleiner Mann, mache dein Testament!«
Die Entlassungsmaschine der Gegenwart läuft auf zwei Zylindern, die vor 30 Jahren noch unbekannt waren. Der erste sind die leistungsabhängigen Chefgehälter. Früher wurden Vorgesetze nach der Zahl ihrer Mitarbeiter bezahlt: Je mehr Leute einer hatte, desto höher sein Gehalt. Heute leiten die Führungskräfte ihre Bereiche als Profit-Center; je geringer die (Personal-)Kosten, desto höher fällt ihre Prämie aus.

Der zweite Zylinder sind die Aktienkurse. Früher galt es als Krisensignal, wenn Firmen entlassen mussten – heute gilt es als Signal des Aufbruchs. Das Unternehmen wird »schlanker«, baut Mitarbeiter ab wie überflüssige Pfunde. Eine solche Diät lässt die Aktienkurse und damit auch die Heldenbrust des Managers schwellen. Das schöne Wörtchen »Synergieeffekte«, das jede Fusion begleitet, heißt auf Deutsch: Etliche Mitarbeiter werden überflüssig.

Aber warum schwindeln die Chefs, statt Klartext zu reden? Vor Entlassungen gilt dasselbe wie im Operationssaal: Schwierige Eingriffe führt man besser unter Narkose durch. Also wird die Betäubungsspritze mit rhetorischen Floskeln von »sicheren Arbeitsplätzen« gefüllt und abgedrückt. Die Arbeitsfreude der Mitarbeiter soll erst im passenden Moment erlöschen: mit Erhalt der Entlassung – und nicht schon vorher.

Lüge 3: »Bleiben Sie zu Hause, wenn Sie krank sind!«

»Wo ist Frau Fischer?«, fragt der Chef seine Sekretärin.
»Frau Fischer ist krank.«
»Krank? Immer noch krank?!«
»Ja, seit gestern.«
Offiziell sagen Chefs natürlich: »Ein kranker Mitarbeiter gehört ins Bett, nicht an den Arbeitsplatz.« Diese Aussage ist ernst gemeint. Es sei denn, besondere Umstände treten ein. Zum Beispiel: Der Chef – er persönlich! – will etwas von dem Mitarbeiter. Oder der Chef – er persönlich – muss eine Vertretung organisieren. Und wenn diese Vertretung auch Geld kostet, dann ist der Ofen aus.
Kranke Mitarbeiter haben zwei Nachteile aus Sicht der Chefs:

Erstens kassieren sie ihr Gehalt für Tätigkeiten, die so in ihrem Arbeitsvertrag nicht vorkommen: Ausschlafen im Krankenhausbett, Lümmeln in der Badewanne (Erkältungsbad!), lustvolles Seufzen auf der Massagebank. Oder trifft am Ende doch der Verdacht zu, dass der Mitarbeiter seine Krankheit nur vortäuscht hat und heimlich seine Wohnung renoviert (aber wozu gibt's Privatdetektive)?

In jener Sekunde, in der ein Mitarbeiter ausfällt, könnte auffallen: Er kassiert sein Geld doch nicht nur fürs Rumsitzen, sondern bringt wirklich Leistung, denn auf seinem Schreibtisch stapelt sich Arbeit. Eine Vertretung muss organisiert, Geld und Nerven müssen investiert werden. Das ist ätzend für einen Chef!

Oder dem Vorgesetzen fällt auf: Es stapelt sich keine Arbeit auf dem Schreibtisch; der Mitarbeiter kassiert sein Geld also doch fürs Rumsitzen. In diesem Fall würden Chefs den »Schmarotzer« am liebsten gar nicht vom Krankenbett in die Firma zurückkehren lassen.

Und wenn der Mitarbeiter seine Arbeit vom Krankenbett aus erledigt? Wenn er bei den ersten Anzeichen einer Erkältung schon in Vorleistung gegangen ist? Oder wenn seine anfallende Arbeit sich eben anders bemerkbar macht als durch Stapel auf dem Schreibtisch oder durch verstopfte E-Mail-Eingänge (kaum auszudenken!)? Aber als Chef muss man diese marginalen Hinweise ja nicht unbedingt zur Kenntnis nehmen.

Die deutschen Arbeitnehmer haben begriffen: Krank sein und krank sein dürfen ist zweierlei. Sie kennen die heimliche Erwartung ihrer Chefs – und folgen ihr: Zehn Jahre lang sank der Krankenstand in Deutschland stetig, bis er 2006 seinen Tiefpunkt von 12,4 Fehltagen pro Mitarbeiter erreichte; 1980 waren es noch 26,1 Fehltage.

Hat sich die Zahl der Krankheiten in einem Vierteljahrhundert halbiert? Werden die Mitarbeiter immer gesünder? Der Fehlzeitenreport des Wissenschaftlichen Instituts der *AOK* kam 2007 zu einer anderen Antwort: 62 Prozent der Befragten gingen zur Arbeit, obwohl sie sich krank fühlten. Rund die Hälfte von ihnen wurde von »zu viel Arbeit«, ein Drittel von »Angst um den Arbeitsplatz« geplagt.

Lüge 4: »Niemand zwingt Sie zu Überstunden.«

»Würden Sie am Wochenende vielleicht kurz reinkommen?« Diese Frage des Chefs enthält zwei Fallen: Erstens täuschen die Wörtchen »würde« und »vielleicht« vor, es handele sich um eine Bitte. Dieser Eindruck besteht aber nur so lang, wie der Mitarbeiter dem Wunsch entspricht. Schüttelt er dagegen den Kopf, kann ihm derselbige abgerissen werden. Merke: Überstunden sind freiwillig – aber nur, solange der Mitarbeiter *willig* ist.

Die zweite Täuschung erzeugt das Wörtchen »kurz«: Es sagt nichts über die Länge der Arbeit aus, eher über die Kürze der Freizeit, die dann noch bleibt. Es gilt das Gesetz von Parkinson: Arbeit dehnt sich immer so weit aus, wie man ihr Raum gibt. Am Wochenende oder am Abend bremst sie kein Feierabend mehr aus; die Arbeit wird zum Spiel ohne (Zeit-)Grenzen.

Wer diese Beschreibung für übertrieben hält, dem sei ein Blick in die Statistik empfohlen. Allein im Jahr 2007, so die *Bundesagentur für Arbeit*, haben Mitarbeiter etwa 1,5 Milliarden (!) bezahlte Überstunden geleistet. Diese Zahl ist höchst erstaunlich, denn die Gattung der bezahlten Überstunden ist, wie jeder weiß, vom Aussterben bedroht. Ihr Lebensraum wird erobert von einer anpassungsfähigeren Variante: der unbezahlten Überstunde.

Wenn es die bedrohte Minderheit schon auf 1,5 Milliarden bringt – wie viele Überstunden gibt es dann mitsamt den unbezahlten? Die Statistiker der Bundesagentur schätzen etwa drei Milliarden Überstunden. Kenner der freien Wirtschaft sagen: eher vier bis sechs Milliarden.

Das Recht, eine Überstunde abzulehnen, ist ein theoretisches Recht: Es wird ausgehebelt, wenn die Arbeitsplätze als bedroht gelten, die Zeiten rauh sind. Und die Arbeitsplätze sind immer bedroht. Und die Zeiten sind immer rauh. Sagen die Chefs!

Lüge 5: »Bei der nächsten Beförderung sind Sie dran!«

Der Industriekaufmann Benjamin Halter (42) hatte den Schwur seines Chefs noch im Ohr: »Beim nächsten Mal sind Sie dran!« So hatte der Chef gesprochen, als der Posten des Gruppenleiters vor drei Jahren an einen Kollegen gegangen war. Nun war die Stelle wieder vakant, und Halter stand bei seinem Chef auf der Matte.

Doch der spielte die Unschuld vom Firmenlande: »Eine Zusage von mir? Da liegt sicher ein Missverständnis vor ...« Dummerweise war der Mitarbeiter nicht auf die Idee gekommen, sich die Zusage schriftlich geben zu lassen oder sie in einer Gesprächsnotiz festzuhalten. Vielmehr hatte er sich die letzten drei Jahre ins Zeug gelegt und war in Vorleistung gegangen, auch durch unbezahlte Überstunden. Sein Chef hatte ihn reichlich mit Arbeit eingedeckt.

Tage später machte sich ein Kollege bei ihm Luft: Auch diesem hatte der Chef sein »Sie sind der Nächste« ins Ohr geflüstert.

Nun standen beide mit leeren Händen da; ein frisch eingestellter Betriebswirt wurde mit der Position betraut.

Eines fällt auf: Nur wenige Chefs haben ein Problem damit, ihren Mitarbeitern alles zu versprechen, ob Beförderung, Gehaltserhöhung, Dienstwagen oder eigene Sekretärin. Aber große Probleme haben sie damit, sich an diese Versprechungen zu erinnern, und noch größere Probleme, auch nur einen Teil davon zu halten.

Würde jedes leere Chefversprechen wie ein Luftballon zerplatzen: In den Büros und Werkshallen klänge es wie auf einem Schlachtfeld. Wer dabei verletzt wird, steht fest: Es sind die Mitarbeiter.

Lüge 6: »Durch Teamarbeit kommen Sie vorwärts.«

Gäbe es ein spezielles Kreuzworträtsel für Chefs, wäre »Ein nützlicher Idiot mit zwölf Buchstaben« schnell gefunden: der TEAMARBEITER. Er ist die von Vorgesetzten erwünschte Mutter Teresa unter der Belegschaft: hilfsbereit, gütig und bescheiden bis zum Gehtnichtmehr. Jedem Kollegen, der in Arbeit versinkt, eilt er zur Hilfe. Er spielt Feuerwehr, wenn ein anderer kurzfristig ausfällt, und er nimmt die Rolle des Sozialarbeiters ein, wenn einer Kummer hat (zum Beispiel mit dem Chef!).

Aus Solidarität geht er abends erst dann nach Hause, wenn auch der Letzte im Großraumbüro seine Arbeit erledigt hat. Und seinen Wunsch nach der Gehaltserhöhung kann der Chef spielend mit dem Hinweis abwehren: »Aber Sie wollen doch nicht, dass Ihre Kollegen im Verhältnis zu Ihnen ungerecht bezahlt werden?«

Er will ein Wassertropfen im Meer sein, ein kleiner Teil des großen Ganzen. Er verschreibt sich ganz der gemeinsamen Sache (wie es die Firmenbroschüre von Mitarbeitern fordert), aber kaum der persönlichen Profilierung.

Und er malt sich aus, sein Chef würde ihn für dieses Verhalten befördern und zum sozialsten Vorgesetzten seit Erfindung der Höhlenmalerei machen.

Satz mit x – war wohl nix! Befördert wird nicht die helfende Hand (wie es der Chef eigennützig verspricht) – befördert wird der Ellenbogen, der sich durchsetzt. Auch gegen die anderen Teammitglieder.

Lüge 7: »Als Frau haben Sie dieselben Chancen.«

Rita Krüger (36) war bester Hoffnung, im neuen Jahr zur stellvertretenden Leiterin eines Pflegeheims aufzusteigen. Der bisherige Stellvertreter ging in Rente, und niemand kannte seine Arbeitsaufgaben so gut wie sie; deshalb hatte sie ihn auch seit Jahren im Urlaub vertreten. Ihre Qualifikation passte perfekt auf die Stelle: Sie hatte erst einen kaufmännischen Beruf, dann Altenpflegerin gelernt. Der Problem war nur: Ihr Chef hatte bisher noch nie eine Frau befördert.

Kurz vorm Jahreswechsel bat ihr Chef sie zu sich: »Es geht um die Nachfolge meines Stellvertreters.« Rita Krügers Gesicht hellte sich auf. Ihr Chef blickte zu Boden und räusperte sich: »Also, wie soll ich sagen. Natürlich können wir uns in dieser Position auch gut eine Frau vorstellen, aber ...« In falschgoldenen Floskeln presste er heraus, man habe »schweren Herzens« einen männlichen Stellvertreter engagiert.

Am meisten ärgerte Rita Krüger die Begründung: »Bitte sehen Sie diese Entscheidung auch als Wertschätzung ihrer jetzigen Arbeit. Was Sie täglich in der Pflege leisten, wäre einfach nicht zu ersetzen.« Warum sagte er nicht gleich: »Du hast bisher die Drecksarbeit gemacht, also darfst du sie auch künftig machen«?

Chefs haben die Erfahrung gemacht: Frauen arbeiten fleißig weiter, wenn man sie bei Beförderungen übergeht; Männer reagieren bockig. Auch stehen Ehefrauen noch immer unter dem Generalverdacht, die Arbeit sei nur ihr Hobby: Sie müssten nicht aufsteigen, allenfalls für ein paar Stunden aus dem Haushalt aussteigen.

Stehen die Chefs also überall der Frauenkarriere im Weg? Sicher nicht. Aber in Firmen, wo das Geschlecht keine Rolle spielt, muss ein Chef nicht viel reden; die Zahl der weiblichen Führungskräfte spricht für sich.

Wieder gilt die Aussage des Brecht-Zitats: Je mehr von einer Sache gesprochen wird, desto weniger deckt sie sich mit der Realität. Die Chefs verpacken ihr schlechtes Gewissen ins Geschenkpapier eines Versprechens – doch spätestens beim Auspacken, wenn sie mit leeren Händen dastehen, wissen die Frauen Bescheid.

Lüge 8: »Die Mitarbeiter sind das Kapital der Firma.«

Es soll Ehemänner geben, die ihren Frauen immer dann die schönsten Blumensträuße in die Hand drücken, wenn sie fremdgegangen sind. Ebenso gibt es Chefs, die immer dann die Mitarbeiter zum »Kapital« der Firma erklären, wenn ihr Handeln gerade wieder mal den gegenteiligen Verdacht schürt.

Der Unterschied zwischen Kapital und Mitarbeitern ist schnell erklärt: Greift ein typischer Manager in den Firmentresor, schnappt die größten Geldscheine und wirft sie aus dem Fenster? Eher nicht. Und wenn er es täte, hätte er zwar viele

Freunde unter den Passanten – aber keinen Job mehr, denn man hielte ihn für wahnsinnig.

Greift ein typischer Manager nach Mitarbeitern, schnappt sich die ältesten und setzt sie auf die Straße? Aber klar doch. Wenn er das tut, ist das ein ganz normaler Vorgang. Man spricht von »Reengineering« oder »Restrukturierung«, von »Freisetzung« oder »Kurzarbeit null«. Der Manager erntet Lob und Anerkennung; er hat die Personalkosten gesenkt.

Aber wenn die Mitarbeiter wirklich das »Kapital« der Firma sind – werfen dann nicht die ältesten den höchsten Zins an Erfahrung, Wissen und Firmenkenntnis ab? Müssten sie dann nicht als Grundkapital gesehen werden, auf dessen Basis das »Gesamtkapital« des Unternehmens wachsen kann? Und wäre es nicht krude, ausgerechnet ihre Entlassung als Schritt zu verkaufen, der das Unternehmen zukunftsfähiger und die verbleibenden Arbeitsplätze sicherer macht?

Die Geringschätzung der älteren Arbeitnehmer entlarvt die wahre Chefgesinnung: Die Mitarbeiter werden nicht als »Kapital« gewertet (je länger angelegt, desto höher der Zins), sondern als schlichte Kostenstellen (je älter, je teurer). Man fragt sich nicht, was sie der Firma bringen; man fragt sich nur, was sie die Firma kosten.

Wer sein Kapital aus dem Fenster wirft, ist kurzfristig beliebt – aber auf mittlere Frist pleite!

Lüge 9: »Ich erwarte Offenheit von Ihnen.«

Der Einzelhandelskaufmann Reiner Lange (26) hatte das dringende Bedürfnis, seinen Chef auf eine Schwäche hinzuweisen; diesem passierten immer wieder kapitale Fehler bei der Aussprache englischer Begriffe: Wenn er vom »Kasch-Floh«

sprach, war kein seltenes Tier gemeint, sondern der »Cashflow« (also der wichtigste Indikator für Zahlungskraft). Und was bei ihm wie »Kontroll-Ring« klang, war wohl gleichbedeutend mit »Controlling«.

Er war kein schlechter Chef, nur übermäßig eitel. Vielleicht nahm er deshalb Vokabeln in den Mund, die er nicht einmal aussprechen konnte. Niemand wies ihn auf seine Fehler hin. Man stieß sich unterm Tisch an, kicherte und lästerte hinter seinem Rücken. Einige Mitarbeiter nannten ihn schon den »English-Mann«, in bewusster Verquickung der englischen und der deutschen Sprache.

Reiner Lange war neu im Team, fand seinen Chef nett und suchte eines Tages das Gespräch: »Mir ist da etwas aufgefallen, darf ich Sie darauf hinweisen?«

»Aber natürlich, nur zu!«, rief sein Chef. Es klang, als erwarte er ein Kompliment.

»Also, es hat zu tun mit Ihrem ... wie soll ich sagen?«

»Nur raus damit!«

»Mit Ihrem Englisch. Also mit Ihrer Aussprache. Mir ist aufgefallen ...«

Der Mitarbeiter stockte, denn die Gesichtsfarbe seines Chefs war auf das Rot einer Ampel umgesprungen: »Jetzt machen Sie aber mal einen Punkt! Nach drei Monaten in der Firma wollen Sie mich belehren? Ausgerechnet Sie, der Sie nie ein Wort bei den Sitzungen sagen?!«

»Aber Sie haben mich doch in unserem Gespräch um Offenheit gebeten! Da dachte ich ...«

»Junger Mann, Sie verwechseln Offenheit und Unverschämtheit.«

Chefs erwarten Offenheit, klar. Sie erwarten Offenheit, wenn sie jemand zum »Unternehmer des Jahres« vorschlagen will, wenn die Mitarbeiter Lob, Applaus, Bewunderung und Fanpost über ihnen ausschütten. Aber für alles, was sich als Kritik missverstehen lässt, sind sie so offen wie eine zugeschnappte Auster.

Lüge 10: »Die Firma schreibt rote Zahlen.«

Ob eine Firma rote oder schwarze Zahlen schreibt, hängt nicht von den Umsätzen ab – eher davon, wer sich nach ihnen erkundigt. Gerade mittlere Unternehmen, die ihre Gewinne nicht offenlegen müssen, spielen sich gegenüber Investoren und Lokalzeitungen gerne als Microsofts von morgen auf. Das ist nur leicht übertrieben, denn viele mittelständische Unternehmen sind die reinsten Goldgruben, und ihre Inhaber residieren auf Landwohnsitzen von der Größe des Berliner Tiergartens.

Aber wehe, ein Angestellter argumentiert mit dem florierenden Geschäft, wenn er seinen Chef von der Notwendigkeit einer neuen Planstelle, eines Dienstwagens oder gar von einer Gehaltserhöhung überzeugen will. Dann bekommt er – natürlich »vertraulich« – ins Ohr geflüstert: Die Firma, dieses rotbäckige Wesen, sei in Wirklichkeit krank und gebrechlich.

Wechselweise leidet die Firma unter dem hohen Dollarkurs (falls er gerade hoch ist), unter dem niedrigen Dollarkurs (falls er gerade niedrig ist) oder unter der Tatsache, dass sie gerade keine Dollars hat (nach einer »Investition«). Wenn die Weltwirtschaft brummt, hortet man Geld für schlechte Zeiten. Wenn sie nicht brummt, spart man für den Aufschwung. Flüssig ist die Firma nie!

Was Kurt Tucholsky über Verleger gesagt hat, trifft auf viele Unternehmer zu: Sie zahlen grundsätzlich drauf! Sie verdienen (nach eigener Aussage!) kein Geld, allenfalls Anerkennung für ihre Nächstenliebe: Als wären ihre Firmen ein soziales Engagement und die Arbeitsplätze ein Gnadenbrot.

Warum spielt einer den nackten Mann? Der Exhibitionist tut es aus Freude – der Chef tut es aus Angst: Er will verhindern, dass ihm seine Mitarbeiter in die Taschen greifen.

8. Die Gehaltsdrückerkolonne

Geiz ist geil: Dieses Motto prägt die Gehaltspolitik. Niemand bekommt, was er verdient hat, sondern nur, was er verhandelt. Die Chefs verteidigen ihren Etat mit faulen Tricks, und gerade fleißige Mitarbeiter schrecken vor der Feilscherei zurück. Die Gehälter sind nicht gerecht, nur selbstgerecht verteilt; denn die Chefbezüge wachsen in den Himmel. Hier erfahren Sie …

- wie ein Müllarbeiter für seine Gehaltsforderung mit öffentlichem Rufmord am Schwarzen Brett büßen muss;
- wie Chefs die langjährigen Mitarbeiter im Gehaltsrennen bewusst zu Verlierern machen;
- und welche Ausreden und Phrasen Chefs aus dem Hut zaubern, um berechtige Forderungen ihrer Mitarbeiter abzuschmettern.

Von Müll und Geld

Lange bekamen die Chefs der Firma Lobbe ihren Mitarbeiter Bernd Schuster (48) kaum zu Gesicht. Denn er war Müllwerker und schuftete auf der Straße. Und sie waren Manager und residierten in Chefbüros. Doch am 15. Februar 2007 kam es zu einer unverhofften Begegnung, als die Bosse die aktuelle Ausgabe der Zeitschrift *Stern* aufblätterten. Die Titelgeschichte handelte von Arbeitnehmern, die sich erdreisteten, nach Jahren der Zurückhaltung »mehr Gehalt« zu fordern.

Und einer der abgebildeten »Revoluzzer« war ihr Müllwerker Bernd Schuster, mittlerweile zum Vorsitzenden des Betriebsrates gewählt. Er sagte: »Ich will, dass wir für unsere harte und schwere Arbeit vernünftiges Geld bekommen.« Sein Bruttogehalt, so gab er an, war in den letzten 15 Jahren gerade mal von 1950 auf 2025 Euro gestiegen. Dabei verstand die Firma es meisterlich, Müll zu Geld zu machen: Allein 2006 hatten die knapp sechshundert Mitarbeiter einen Umsatz von rund neunzig Millionen erwirtschaftet.

Die Chefs waren nach der Lektüre des *Stern*-Artikels außer sich – nicht über die schlechte Bezahlung, sondern über das angeblich schlechte Benehmen ihres Mitarbeiters. Am 23. März 2007 riefen sie Schuster mit einer Ermahnung zur Ordnung. Diese Disziplinierung sollte, wohl zur Abschreckung, auch von den anderen Mitarbeitern registriert werden; also ging der Mahnbrief an jeden in der Firma, der einen E-Mail-Anschluss hatte. Und um die öffentliche Hinrichtung perfekt zu machen, hängte man die Ermahnung auch noch am Schwarzen Brett aus und legte, für jedermann einsehbar, Schusters Personalakte bei.

Der Müllwerker war einiges an Gerüchen in seiner Firma gewohnt, aber dieses Verhalten stank zum Himmel! Er sah darin eine Demütigung und einen klaren Rechtsbruch. Was warfen ihm die Chefs eigentlich vor? Räumte ihm Artikel 5 des Grundgesetzes nicht das Recht auf freie Meinungsäußerung ein? Und war es seine Schuld, wenn die Firma den Pressebericht als Imageschaden empfand – oder doch eher die Schuld derjenigen, die für die Höhe seines Gehaltes verantwortlich waren?

Er forderte die Geschäftsführung auf: Nehmt die Ermahnung zurück, tilgt sie aus der Personalakte und informiert die Kollegen darüber. Doch die Chefs fühlten sich, wie sich Chefs immer fühlen: im Recht. Also kam es zu einem Prozess vor dem Arbeitsgericht. Die Richterin nahm den Müllwerker bei der mündlichen Verhandlung in Schutz: Es seien »keine Betriebsgeheimnisse verraten« worden. Schließlich bekämen Topmanager, deren Gehälter in jeder Zeitung stünden, »auch keine Ermahnung, wenn sie ihr Gehalt offenlegten«.

Ihr Wort in Gottes Ohr! Oder eben nicht, denn Geschäftsführer Michael Wieczorek ließ diese Argumente von sich abprallen. Er wollte die Ermahnung nicht zurücknehmen, angeblich hatte ihm der Gesellschafter der Firma das sogar »verboten«. Erst als die Richterin von einer »Verletzung der Persönlichkeitsrechte des Klägers Schuster« sprach, begann ein vorsichtiges Rückzugsmanöver: Die Firmenvertreter erklärte sich bereit, die Ermahnung aus der Akte zu entfernen – keinesfalls aber, sie zurückzunehmen; das hätte ja ein klares Eingeständnis des Fehlers bedeutet.

Doch Bernd Schuster roch immer noch Gestank, diesmal den eines faulen Kompromisses – und winkte ab. Nun war die Gegenseite unter Druck, denn das Urteil der Richterin verhieß für die nächste Instanz wenig Gutes. Unter sichtbarem Winden rangen sich die Firmenvertreter nun doch durch, die Ermahnung zurückzunehmen, aus der Personalakte zu tilgen und alle Mitarbeiter über das Intranet darüber zu informieren.

Dieser Frontalangriff auf einen Mitarbeiter zeigt: Beim Geld hören sogar Freundschaften auf, die vorher gar nicht bestanden haben: solche zwischen Chefs und Mitarbeitern. Die Gehaltsdrückerkolonne betreibt in Deutschland ein gnadenloses Geschäft. Wer sich als Mitarbeiter mit einer Gehaltsforderung aus der Deckung wagt, könnte auch als rotes Tuch durch die

Chefarena flattern. Manchmal stoßen die Chefs am Ziel vorbei und nehmen unfreiwillig das Image der eigenen Firma auf die Hörner. So behauptet Lobbe in einem Werbevideo, die Firma sei »von Zuversicht, Selbstbewusstsein und Identifikation mit dem Unternehmen geprägt«. Da ist die Rede von »Aufbruchstimmung« und von »positive(r) Einstellung«. Wahrscheinlich ist der Film (nicht nur) unter den eigenen Mitarbeitern ein Lacherfolg, der sogar Harald Schmidt als Trauerredner erscheinen lässt.

Einen Vorteil haben Gehälter nämlich: Die Zahlen sind nackt, und deshalb sind sie ehrlich und zeigen, wie Chefs den Stellenwert ihrer Mitarbeiter abseits der Sonntagsreden sehen. Es gilt der Satz: »Sag mir, was du zahlst – und ich sag dir, wer du bist!«

Der schiefe Gehaltsturm

Der Lithograph Sebastian Bläser (29) traute seinen Augen kaum, als er bei der Nachtschicht eine Gehaltsabrechnung aus dem Papierkorb fischte: Sein etwa gleichaltriger Kollege, der zu Jahresbeginn angefangen hatte, verdiente fünfhundert Euro mehr! Dieses Gehalt musste der Geschäftsführer kurz vor Weihnachten bewilligt haben – genau zu jener Zeit, als Sebastian Bläser mit seiner Gehaltsforderung abgeblitzt war. Der Chef hatte gesagt: »Wo nichts ist, kann auch nichts verteilt werden.« Es war die dritte Nullrunde in Folge!

Bläser war sauer, nicht zuletzt auf sich selbst: Hätte er seinen Chef nicht durchschauen müssen? Zwar spulte der immer wieder dieselbe Klage über den »harten Preiskampf« ab, bejammerte die »schmale Gewinnmarge«, und jeden zweiten Tag fand er einen Gürtel, den es »enger zu schnallen« galt.

Aber konnte es einer Firma, die so viel zu tun hatte, wirklich schlechtgehen? Hatte sich die Zahl der Aufträge nicht so gesteigert, dass sie nur noch durch unzählige Nachtschichten zu bewältigen war? Mit welchem Geld hatte die Firma eigentlich die neue Produktionshalle gebaut? Und wie passte der Dienstwagen des Chefs, ein aus jeder Parklücke quellender VW Phaeton, eigentlich zum eng geschnallten Gürtel?

Er ließ sich einen Termin beim Geschäftsführer geben und kam gleich zur Sache: »Sagen Sie, hat sich die Finanzlage der Firma seit unserem letzten Gehaltsgespräch verbessert?«

»Verbessert? Sie sind gut! Die Arbeit wird mehr, ja. Doch unterm Strich bleibt immer weniger hängen.«

»Aber ich habe zufällig das Gehalt eines Kollegen erfahren, und der ...«

»Moment, Moment! Der Austausch über Gehälter ist bei uns untersagt! Vertraglich untersagt!«

»Warum eigentlich? Sind die Gehälter so ungerecht?«

»Sie haben Ihren Vertrag unterschrieben, und Sie haben sich an ihn zu halten. Die Gehälter anderer diskutiere ich nicht.«

»Dann diskutieren wir aber meines! Ich habe in den letzten sechs Jahren viel geleistet und den neuen Kollegen gerade eingearbeitet. Wenn es bei ihm für ein ordentliche Gehalt reicht, warum dann nicht bei mir?«

»Weil man keine Äpfel mit Birnen vergleichen darf! Im Moment ist wirklich nichts zu machen. Glauben Sie mir!« Mit diesen Worten drängte er Bläser aus seinem Büro.

Ist es möglich, Mitarbeiter allein übers Gehalt zu motivieren? Sicher nicht. Ist es möglich, Mitarbeiter allein übers Gehalt zu frustrieren? Ganz bestimmt! Der Arbeitspsychologe Frederick Herzberg fand heraus: Ein angemessenes Gehalt gehört zu den Grundvoraussetzungen (er nannte sie »Hygienefaktoren«), die erfüllt sein müssen, damit Motivation wachsen kann. Die Vergütung ist mehr als schnöder Mammon: Ihr Wert drückt die Wertschätzung des Chefs aus. Die schönsten Lobreden sind nur leere Worte, wenn ihnen bei der nächsten Gehaltsrunde unschöne Taten folgen.

Eine Vergütung, die nicht gerecht ist, ist eine Vergraulung. Für eine Studie wurden Harvard-Studenten gefragt, welchen Betrag sie lieber verdienen würden: 50 000 oder 100 000 Dollar? Allerdings wurden die 100 000 Dollar in einer Welt offeriert, wo der Durchschnitt 200 000 Dollar verdient; die 50 000 in einer, wo der Schnitt 25 000 bekommt. Die Studenten zögerten nicht: Sie entschieden sich für das kleinere Gehalt, sie wollten im relativen Vergleich besser dastehen.

Doch die Gehaltsstrukturen in Deutschland sind so ungerecht und schief, dass der Turm von Pisa daneben kerzengrade wirkt. Viele Chefs kümmern sich nicht um leistungsgemäße Gehälter, sondern nur darum, dass die Mitarbeiter sich nicht über die Ungerechtigkeit austauschen. Solche vertraglichen Maulkörbe sind juristisch völlig unhaltbar – und würden von den Mitarbeitern wohl auch sonst ignoriert.

Ungerecht ist dabei vor allem: Die Führungskräfte sehen die Initiative für Gehaltserhöhungen nicht bei sich, sondern erwarten von den Mitarbeitern, mit Forderungen anzuklopfen. Dadurch werden Schaumschläger gefördert, die alle naselang auf der Matte stehen und, statt wirklich zu arbeiten, ihre Arbeit preisen. Wer hingegen einfach nur gute Leistungen bringt und darauf hofft, dass sein Chef ihn eines Tages belohnt, der könnte auch aufs Christkind warten.

Am schwersten haben es langjährige Mitarbeiter, die Stützen der Firma: Jede Minierhöhung von 3 oder 4 Prozent gilt bei ihrem Chef als seltener Gnadenakt. Aber wenn ein neuer

Mitarbeiter verpflichtet wird, springt die Führungskraft vom Schottenrock in die Spendierhosen: kein Problem, auf das alte Gehalt 15 bis 25 Prozent draufzulegen (wie wohl auch bei dem frisch eingestellten Kollegen von Sebastian Bläser).

Das bedeutet: Wer treu ist und viele Jahre im selben Unternehmen bleibt, wird bestraft. Wer untreu ist und bei der ersten Gelegenheit wechselt, wird belohnt. Aber wehe, ein langjähriger Mitarbeiter kapiert diese Lektion und wirft, nachdem er bei der Konkurrenz unterschrieben hat, dem Chef seine Kündigung auf den Tisch – dann ruft der vorwurfsvoll: »Am Gehalt liegt es? Warum haben Sie nichts gesagt!?«

Wenn, wie der Dichter Friedrich Schiller meinte, Gerechtigkeit »der kunstreiche Bau des Weltgewölbes« heißt, dann ist die Firmenwelt schon längst zusammengebrochen. Und die Abrissbirne sind die ungerechten Gehälter!

Tagelöhner ohne Tagelohn

Wer behauptet, Chefs seien nicht großzügig, reibt sich die Augen, wenn sie Maschinen anschaffen, Wettbewerber aufkaufen oder neue Firmengebäude errichten lassen. Fünfhunderttausend Euro mehr oder weniger, das ist dann nicht die Frage. Solche Anschaffungen gelten als Investition; Qualität kommt vor dem Preis. Kein leitender Ingenieur würde eine klapprige Billigmaschine anschaffen, kein Kaufhausdirektor sein Geschäft in einen Plattenbau an den Stadtrand verpflanzen, nur um Geld zu sparen:

Doch sobald es um Gehälter geht, gehen in den Gehirnstuben vieler Chefs die Lichter aus. Man sagt »Personalkosten« – als würden die Mitarbeiter nur Kosten verursachen, aber nichts bringen. Man sagt »Fixkosten« – als hingen die Mitarbeiter wie Junkies an der Gehaltsnadel, abhängig von der Firma, nicht umgekehrt.

Gibt es einen einzigen Chef auf dieser Erde, der Personalkosten als lohnende »Investition« begreift? Die gute Nachricht: Es gibt ihn. Er heißt Götz Werner, gründete die Drogeriekette *dm* und hat in seinem Unternehmen den Begriff »Personalkosten« aus dem Wortschatz gestrichen; er gibt zu: Mitarbeiter kosten kein Geld, sie bringen welches.

Die schlechte Nachricht: Werner steht allein auf weiter Flur. Die meisten Chefs sind als Gehaltsdrücker unterwegs. So kommt es, dass Löhne immer öfter zu Hungerlöhnen zusammenschmelzen. Tarife werden ausgehebelt, Mitarbeiter ausgenutzt. Als teuer gilt, wer viel verdient – auch wenn er für jeden Euro, den er kostet, 1,20 Euro in die Kasse trägt. Es geht nicht mehr um das Verhältnis zwischen Preis und Nutzen: Es geht nur noch um den Preis!

Gefragt ist menschliche Billigware. Die Ein-Euro-Jobs aus Staatshand werden von Null-Euro-Jobs aus Chefhand überboten. Dieses Gnadenbrot verteilen die Firmen an Hochschulabgänger, an Arbeitslose, an Alleinerziehende und an jeden, dessen Not groß genug ist, dass er sich ohne Tageslohn zum Tagelöhner macht.

Sandra Klein (27) träumte von einer Zukunft im Journalismus. Sie hatte Germanistik studiert, ein Volontariat bei einer Fachzeitschrift abgeschlossen und bewarb sich nun, da sie nicht übernommen worden war, landauf, landab als Redakteurin bei Tageszeitungen. Es hagelte Absagen. Nur der Lokalchef einer kleinen Zeitung war interessiert. Er lud sie ein, gab sich im Vorstellungsgespräch galant, um dann einen weniger galanten Vorschlag zu machen: Sandra Klein sollte als Praktikantin anfangen. »Das ist nur ein Einstieg«, versprach er,

»dann können wir uns gegenseitig beschnuppern und über einen Festvertrag entscheiden.«

Hoffnungsvoll spitzte die junge Frau ihren Bleistift als Lokalreporterin. Sie klapperte Versammlungen von Blasmusikkapellen und Feuerwehren ab, lehnte jeden Sonntag am Geländer des Fußballplatzes und ließ die Sitzungen des Stadtrats tapfer über sich ergehen. Sie schrieb und schrieb, meist zwei größere Artikel am Tag, immer in geschliffenem Stil. Sie wollte den Chef von ihren Qualitäten überzeugen.

Am Monatsende ein Schock: Kein müder Cent war auf ihr Konto geflossen. In der Annahme, sie bekäme für ihre Artikel wenigstens den Honorarsatz der freien Mitarbeiter, hatte sie keine Vergütung vereinbart. Ihr Chef schüttelte den Kopf: »Tut mir leid, für Praktikanten haben wir keinen Honoraretat. Aber die Sache mit der Festanstellung ist noch heiß.«

Sandra Klein hielt sich zurück: Bloß kein Streit mit dem Chef, denn ihr Schicksal lag in seiner Hand. Sie wollte unbedingt eine Festanstellung und ein Festgehalt. So kniete sie sich noch tiefer in die Arbeit, redigierte Beiträge freier Mitarbeiter, um die übrige Belegschaft zu entlasten: zwei äußerst träge Redakteure, eine nette Redakteurin und zwei Volontäre im Hamsterrad.

Eines Abends, am Fahrradständer, wurde Sandra Klein von der Redakteurin angesprochen: »Ich kann es kaum mit ansehen, wie du dich für deine Arbeit zerreißt. Wahrscheinlich hat der Chef wieder eine Festanstellung versprochen ...« Bei diesem Gespräch kam heraus: In den letzten Jahren hatte der Lokalchef vier Praktikanten eingestellt, alle Akademiker, alle zum Nulltarif, alle mit angeblicher Aussicht auf Festanstellung. Über Monate hatte er sie bei der Stange gehalten, und am Ende zog er stets die gleiche Nummer ab: Er behauptete, der

Verlagsleiter habe eine zugesagte Planstelle kurzfristig gestrichen. Aber eine solche Stelle winkte nicht einmal den eigenen Volontären: Sie landeten nach ihrer Ausbildung auf der Straße, wurden wieder durch neue preisgünstige Volontäre ersetzt.

Die Sparwut des Chefs erstreckte sich auch auf die Redakteure: Nullrunden waren seit Jahren verordnet, Zuschläge für Überstunden gestrichen, Reisespesen gekürzt worden. Zwei talentierte Kollegen waren abgewandert, einer war mittlerweile Ressortleiter bei der Konkurrenz. Die Redakteurin war auf dem Absprung. Nur die beiden Redakteure, träge und talentlos, machten es sich wie müde Affen auf dem absteigenden Gehaltsast bequem.

Geiz bei den Gehältern macht jede Firma auf mittlere Sicht zu einem Sammelbecken für Fußkranke. Denn warum sollte sich, wer Überdurchschnittliches leistet, mit einem unterdurchschnittlichen Gehalt begnügen? Schlechte Gehälter stoßen gute Mitarbeiter ab, ziehen schlechte an.

Und wenn der Chef eines Tages brüllt »Bin ich hier denn von Versagern umgeben!?«, dann müsste die Antwort manchmal lauten: Ja – der Gehaltspolitik sei Dank!

Die Abwehrmanöver – oder: »Wir geben nichts!«

Der Alptraum, unter einer Lawine verschüttet zu werden, begleitet viele Chefs durch ihr Berufsleben. Auslöser dieser Horrorvision ist ein gigantischer Fehler, ein Moment geistiger Umnachtung: Der Chef hat eine Gehaltsforderung bewilligt. Man stelle sich vor! Der Mitarbeiter kann sein Glück kaum fassen, tänzelt den Flur entlang, flüstert den Kollegen zu: »Beim Chef gibt's was zu holen.« Binnen weniger Minuten versammeln sich die Verhandlungswilligen vor dem Chefbüro, dann bricht die Forderungslawine donnernd über die Führungskraft herein, raubt ihr die Luft zum Atmen, macht den Gehaltsetat platt.

Nie soll dieser Alptraum wahr werden! Deshalb spielen Chefs in der Gehaltsverhandlung folgende Rolle: Sie geben sich als Gralshüter des Gehaltsetats, als wilde Drachen, die einen Schatz verteidigen. Jeder, der sich ihnen nähert, muss mit bösem Fauchen rechnen: Sie spucken rhetorisches Feuer, schwindeln nach Leibeskräften und greifen zu Phrasen, die so hohl sind, dass einem der Kopf davon dröhnt. Die Botschaft, die ein Mitarbeiter dem anderen ins Ohr flüstern soll, lautet: »Beim Chef ist nichts zu holen!«

Dieses Kapitel stellt Ihnen ein paar bewährte Abwehrphrasen der Chefs vor und erläutert, worin der jeweilige Trick besteht.

»Was erlauben Sie sich eigentlich?!« Der Chef bläst zum Gegenangriff! Mag die Forderung noch so mickrig sein, er tut so, als würde der Mitarbeiter die Firma damit in den Ruin stürzen. Er schlüpft in die Rolle des Empörten, spuckt Gift und Galle. Die Aggression macht dieses Abwehrmanöver so erfolgreich: Der Mitarbeiter wird abgelenkt von seinem eigenen Vorstoß. Er ist nicht mehr am Drücker – er gerät unter Druck!

Der Chef rechnet mit zwei möglichen Reaktionen: Entweder flieht der Mitarbeiter, oder er kämpft. Die Flucht beginnt mit Zweifeln: Was, wenn die Forderung zu hoch und der Chef wirklich sauer ist? Sobald diese Hasenfüßigkeit offensichtlich wird, sobald der Mitarbeiter den Blickkontakt nicht mehr halten kann, seine Aussagen im hohen Ton der Frage enden und seine Forderung mit sprachlichen Weichmachern (»Wäre schön, wenn ...«) zur Bitte diskreditiert werden – dann macht

der Chef den Sack zu und streicht die Forderung zusammen, oft auf seine Lieblingszahl: eine glatte Null.
Und wenn der Mitarbeiter den Kampf vorzieht, wenn er aggressiv wird und denselben Ton wie der Chef anschlägt? Dann kühlt dieser nicht selten in Sekunden auf die Temperatur einer Flasche Riesling ab. Betont leise und emotionslos sagt er: »Sie haben sich im Ton vergriffen. An dieser Stelle sehe ich mich gezwungen, das Gespräch abzubrechen.«

»Das wäre ungerecht gegenüber den Kollegen!« Der Disponent Walter Reiser (31) arbeitete in einem florierenden Logistikunternehmen, seine Leistungen konnten sich sehen lassen: Durch ausgefeilte Planung hatte er die Lagerzeiten verringert, die Kosten gesenkt. Sein Erfolg beruhte auf sozialer Kompetenz: Die Kollegen mochten ihn, seinen Ideen fanden Gehör.
Im Gehaltsgespräch bestätigte ihm die Chefin: »Ihre Leistung ist einwandfrei, sicher hätten Sie eine Erhöhung verdient.« Sie machte eine Pause, legte einen Hundeblick auf und fuhr fort: »Aber wissen Sie, dass etliche Kollegen deutlich weniger als Sie verdienen? Und wollen Sie wirklich, dass Ihr Gehalt auf deren Kosten steigt? Ich kann mir das nicht vorstellen; ich erlebe Sie als sozialen Menschen. Die anderen sind eigentlich zuerst dran.«
Als unsozialer Geldgeier wollte Walter Reiser nicht dastehen, er ließ sich vertrösten. Später kamen ihm Zweifel: Ging es seiner Chefin um die Gerechtigkeit (bislang war sie dadurch noch nicht aufgefallen)? Oder wollte sie nur den Gehaltsetat schonen? Und war es wirklich »sozial« von ihm, sich trotz erstklassiger Leistung mit einem kleinen Gehalt abspeisen zu lassen? Verdarb er dadurch nicht die Preise, weil seine Chefin nun zu jedem Kollegen sagen konnte: »Sogar ein Topmitarbeiter

unserer Abteilung verdient nur ...« Und stimmte es überhaupt, dass sein Gehalt über dem der Kollegen lag?
Walter Reiser tauschte sich mit zwei Kollegen aus und erfuhr: Alle lagen auf einem Gehaltslevel. Wenn seine Chefin eine »Vorreiterin der Gerechtigkeit« war, dann ritt sie auf einem Gaul namens »Lüge«.

»O. k., sagen wir 25 Euro!« Na also, es gibt ihn doch – den Chef, der eine Gehaltserhöhung ohne langes Tamtam gewährt. Der Haken liegt in der Summe: Ob 25, 50 oder 75 Euro – sie bewegt sich scharf am Rand der Unsichtbarkeit, erst recht nach Abzug der Steuern. Alternativen winken nicht, der Chef sagt: »Sie haben die Wahl: Diesen Betrag – oder gar nichts!«
Groß ist die Versuchung, den Spatz in der Hand festzuhalten. Genau das will der Chef erreichen, denn dann flattert die eigentliche Gehaltsforderung wie eine Taube davon. Ein Pakt mit dem Teufel, auch auf längere Sicht: Wer eine Gehaltserhöhung bekommen hat, wird seinen Chef die nächsten 18 Monate kaum zu neuen Verhandlungen bewegen können (»Ich habe doch gerade erst erhöht.«). Erst nach dieser Schamfrist ist ein neuer Anlauf möglich. Denn Erhöhung ist Erhöhung; nach der Summe fragt später keiner mehr.
Kluge Arbeitnehmer gehen mit drei Zielen in die Verhandlung: einem Minimal-, einem Maximal- und einem Alternativziel. Das Minimalziel definiert die Schmerzgrenze: Unter dieser Summe geht gar nichts. Das Maximalziel eröffnet die Verhandlung und ist ein spezielles Spielzeug, das dem Chef sein liebstes Spielchen erlaubt: das Runterhandeln. Eine Forderung von dreihundertfünfzig Euro würde er empört zurückweisen – gelingt es ihm jedoch, den Mitarbeiter von fünfhun-

dertfünfzig auf dreihundertfünfzig Euro zu drücken, hält er sich für einen ganz tollen Hecht.

Psychologische Vorteile bieten auch die Alternativziele, zum Beispiel Prämie oder Fahrtgeld: Der Chef kann diese Angebote auch dann ohne Gesichtsverlust annehmen, wenn er zu anderen Forderungen schon allzu laut »nein« gesagt hat.

»Nächstes Jahr sind Sie dran!« Der Rechtsanwalt Christian Schreiber (54) traute seinen Ohren kaum, als sein Chef in der Gehaltsverhandlung sagte: »Dieses Jahr ist leider nichts drin, aber nächstes Jahr sind Sie an der Reihe.« Dieses Argument hatte Schreiber schon einmal gehört, exakt in diesem Wortlaut – zwölf Monate zuvor. Doch sein Chef täuschte eine Erinnerungslücke vor, in die auch eine versprochene Million gepasst hätte. Ein Satz von Friedrich Schiller könnte die Überschrift mancher Gehaltsverhandlung sein: »Ich zahle dir in einem anderen Leben.«

Diese Hinhaltetaktik ist beliebt in der Chefetage: Man wedelt mit einem dicken Geldschein vor der Nase des Mitarbeiters herum (wie beim Esel mit der Möhre), verlockt ihn zu Leistungssprüngen und lässt ihn schließlich doch ins Leere laufen, bestenfalls mit dem Ausdruck tiefen Bedauerns (»Leider hat sich die Geschäftslage verändert.«). Vor allem Mitarbeiter, die noch an das Gute im Chef glauben, also nicht länger als drei Wochen im Geschäft sind, lassen sich mit dieser Taktik hinters Licht führen.

Der Mitarbeiter durchlebt eine Achterbahnfahrt zwischen Hoffnung und Enttäuschung, und spätestens bei der zweiten Talfahrt hat er das Spiel durchschaut. Mancher zahlt dem Chef mit gleicher Münze zurück (man spricht vom Pay-off-Effekt) – sei es durch innere Kündigung, durch »aufgerundete« Spesenabrechnungen oder durch verschwenderischen Umgang mit Firmenmitteln. Es gilt die alte Erkenntnis: Eine abgelehnte Gehaltsforderung kann unterm Strich mehr kosten als eine bewilligte!

»Sie sind das beste Pferd in unserem Stall!« Hanna Bender (29) war Anwendungsentwicklerin in einer Software-Firma, sie lieferte ihren Kunden maßgeschneiderte Bedieneroberflächen. In diese Arbeit brachte sie große EDV-Kenntnis und viel Phantasie ein. Im Jahresgespräch würdigte ihr Teamleiter diese Leistung in den allerhöchsten Tönen. Er bezeichnete sie als »High Potential«, untermauerte seine Begeisterung mit ein paar Beispielen gelungener Benutzeroberflächen und deutete ihr eine große Zukunft in der Firma an, da man auf Nachwuchs angewiesen sei, auch im Management.
Die junge Frau schwebte aus dem Chefbüro, es war ihr erstes Jahresgespräch überhaupt, und gleich so ein Erfolg! Am Abend fragte ihr Freund: »Was tut sich bei deinem Gehalt?« Mit heißem Schrecken fiel Hanna Bender auf: Dieses Thema war unter den Tisch gefallen. Das Lob bekam einen faden Nachgeschmack. Hatte der Teamleiter mit Komplimenten um sich geworfen, nur um nicht mit Geld werfen zu müssen?
Se payer de mots: sich mit schönen Worten bezahlen lassen nennt man in Frankreich die Phrasendrescherei. Wenn ein Chef im Gehalts- oder Jahresgespräch voll des Lobes ist, kann er die Aussagen selbst beglaubigen: indem er Taten folgen lässt, das Gehalt anhebt. Erst, wenn lobende Chefworte als Zahlungsmittel offiziell anerkannt sind, sollten Mitarbeiter dazu übergehen, sich anstelle einer Gehaltserhöhung mit schönen Worten abspeisen zu lassen. Bis dahin bleibt es beim Euro!

»H« wie Heuchler

Stellen Sie sich vor, ein dicker Mann lässt nach dem vierten Gang den Tisch abräumen, bestellt sein Trüffelmenü für den nächsten Tag und predigt dann, während er pappsatt im Sessel versinkt, von der Notwendigkeit des Hungerns. Ein Ausgehungerter wird ihm dabei wohl kaum folgen können! Der dicke Mann, keine Frage, ist ein Manager; sein Menü besteht aus vier Gehaltsgängen: der erste ist das Festgehalt, der zweite die Prämie, der dritte der Bonus, und als üppigen Nachtisch gibt es dann noch Aktienoptionen satt. Der Hungrige daneben, ein Mitarbeiter, sieht fassungslos zu.

Wer testen will, ob er fürs Management taugt, muss folgende Übung bestehen: vor die Mitarbeiter treten, noch ein paar große Geldscheine aus dem Designer-Anzug wedeln lassen, und dann, ohne Lachkrampf oder Schamesröte, das Fußvolk zur »Gehaltszurückhaltung« auffordern, zum »Engerschnallen des Gürtels« und zum stillen Erdulden von »Einschnitten«. Man sagt zu den Mitarbeitern: »Geld ist nichts« – und denkt mit George Bernard Shaw: »Aber viel Geld, das ist etwas anderes.« Kandidaten fürs gehobene Management bestehen diese Heuchelübung auch dann, wenn die Einschnitte überflüssig oder ein Resultat eigener Managementfehler sind. Wer Spurenelemente von Charakter, Scham oder Anstand zeigt, sollte ins Glied der Mitarbeiter zurücktreten.

Ein denkwürdiges Vorbild für Jungmanager lieferte im September 2006 Klaus Kleinfeld als Vorstandsvorsitzender der Siemens AG. Er kündigte harte Zeiten an, ließ Mitarbeiter zittern: Fünftausend Arbeitsplätze sollten abgebaut, Gehälter gekürzt werden. Das Sparschwein lief durch alle Abteilungen. Nur zur Vorstandsetage hatte es keinen Zutritt, dort stand

schon ein anderes Tier: ein Goldesel. Der sollte eine Gehaltserhöhung von dreißig Prozent für die Vorstände ausspucken.
Bei einem durchschnittlichen Mitarbeiter wären dreißig Prozent etwa zwölftausend Euro im Jahr gewesen; bei Herrn Kleinfeld waren es über eine Million. Die Proteste der Mitarbeiter wurden weggewischt wie Insekten vom Scheibenwischer der Vorstandslimousine. Erst die Kampagne einer Boulevardzeitung bremste Kleinfeld. Er geriet so sehr unter Druck, dass er den Goldesel zurück in den Stall führte. Nur vorübergehend: Im neuen Jahr sollten die Vorstandsgehälter dann wie geplant steigen, um insgesamt fünf Millionen.
Kleinfeld wurde nicht alt, aber immerhin reich als Vorstandsvorsitzender: Als er 2007 über die Korruptionsaffäre gestolpert war, griff er vor seinem Ausscheiden zu einem üppigen Dessert – er verkaufte Aktienoptionen im Wert von 6,3 Millionen Euro.
Nun ist nicht jeder Chef ein millionenschwerer Manager, aber auch beim Vorstellungsgespräch in mittelständischen Unternehmen muss der Bewerber mit der Frage rechnen: »Was ist Ihnen wichtiger: das Gehalt oder eine erfüllende Tätigkeit?« Wer sich jetzt klar zur Arbeitslust bekennt, sitzt in der Falle: Später, wenn es ums Geld geht, wird ihn der Chef an diese Aussage erinnern. Ein hervorragender Trick, um Forderungen zu drücken.
Ein schlechtes Gewissen bei den Mitarbeitern schüren – diese Strategie verfolgen Vorgesetzte gerne. Geld wird zu »schnödem Mammon« erklärt, zu einem Randaspekt der Arbeit, und jeder, der mehr davon will, hat mit zwei inneren Gegnern zu kämpfen: mit den Stimmen aus seiner Kindheit, etwa der Eltern, die immer sagten: »Über Geld spricht man nicht.« Und mit der Stimme seines Chefs, die alles dafür tut, das Wort

»Gehalt« mit dem Wörtchen »pfui« zu verknüpfen. Hunderttausende von Arbeitnehmern fühlen sich schlecht bezahlt, haben aber noch nie einen Vorstoß gewagt. Das schleichende Gift der Chefrhetorik zeigt seine Wirkung.

Dass ausgerechnet Chefs das Geld zur schmutzigen Sache erklären, ist schon bemerkenswert: Selbst haben sie die Taschen oft voll davon und wissen, was die Geschäftswelt antreibt. Warum werden Firmen gegründet, warum Produkte eingeführt, warum Aktien verkauft? Es geht immer ums eine – immer ums Geld. Verdienen will der Firmeninhaber; verdienen will der Aktionär; verdienen wollen die Chefs. Immer mehr verdienen. Und ausgerechnet die Mitarbeiter sollen sich beschämt in die Ecke stellen, nur weil sie auch ein Stück vom Gewinnkuchen einfordern?

Keine Firma dieser Welt kann ihre Leistungen ausbauen, den Preis dafür aber auf dem alten Niveau belassen. Wenn ein Autokonzern sein neues, besser ausgestattetes Modell einführt, kostet es mehr als das alte. Wer als Mitarbeiter seine Leistung ausbaut, mehr Verantwortung übernimmt, bessere Leistungen bringt, sein Wissen durch Fortbildungen steigert – der braucht auch mehr Gehalt. Die Spielregeln der Marktwirtschaft sehen das so vor. Aber die Chefs sehen es nicht immer ein!

Bleibt die Frage: Was würde eigentlich passieren, wenn Vorgesetzte so richtig spendabel wären? In Kanada hat man es ausprobiert: Die Mitarbeiter eines Forstbetriebes bekamen einen Bonus geschenkt, einfach so, unabhängig von der Leistung. Sie konnten ihr Glück kaum fassen – und legten sich ins Zeug, um ihrem Chef zu danken. Schon am ersten Tag stieg ihre Leistung um 10 Prozent. Dieser Schub hielt umso dauerhafter an, je länger ein Mitarbeiter bei der Firma beschäftigt war.

Wer ein Geschenk bekommt, schenkt gerne zurück – eine

zutiefst menschliche Reaktion. Das *Institut zur Zukunft der Arbeit* (IZA), das die Studie veröffentlichte, weist auf den Nutzen der Großzügigkeit hin: Wenn Hilfsorganisationen ihre Spendenaufrufe mit kleinen Präsenten wie Postkarten garnieren, können sich die Spenden mehr als verdoppeln. Man spricht von »reziprokem Handeln«: Wer fair angesprochen wird, will fair antworten.

Umgekehrt gilt: Wenn ein Mitarbeiter unfair bezahlt, in der Gehaltsverhandlung über den Tisch gezogen oder wie ein Bettler behandelt wird, dann wird er ebenfalls zum Spielverderber – und fährt seine Leistung aus Frust runter, statt aus Dankbarkeit rauf!

9. Gebrüder Schlimm auf Bewerberjagd

Gibt es das Paradies auf Erden? Und ob! Es heißt »Arbeitsplatz« und wird nicht in der Bibel, sondern von Chefs versprochen, sobald sie Stellen ausschreiben. Nie wird mehr gelogen, gemauschelt, gepfuscht, als wenn Chefs neue Mitarbeiter einstellen. Doch am ersten Arbeitstag heißt es dann: Paradies ade! Hier erfahren Sie unter anderem …

- warum Chefs keine Qualifikation höher bewerten als einen ausgeglichenen »Vitamin B«-Haushalt;
- warum schwache Chefs oft mit Absicht noch schwächere Mitarbeiter einstellen;
- und über welche heimtückische Fangfrage ein Diplomkaufmann im Vorstellungsgespräch kurz vorm Ziel gestolpert ist.

Vorfahrt für Vettern

Was hatte den neuen Chefarzt (51) bloß geritten, als er diesen jungen Mann einstellte? Einen Pfleger hatte er gesucht, einen Flegel bekommen! Die Mitarbeiter der orthopädischen Station einer Privatklinik schüttelten den Kopf. Dieser Pfleger (21) konnte keinen Bleistift von einem Fieberthermometer, keinen Hundenapf von einem Nachttopf unterscheiden. Er war so penetrant wie die Klingeltöne seines Handys, die auch dann, wenn er vorgab, beim Bettenmachen zu sein, aus dem Raucherzimmer erklangen (obwohl Handys auf der Station verboten waren). Alle Patienten über vierundfünfzig Jahre sprach er in der »Wir-Form« an, als hätten sie keine Knieprobleme, sondern einen Dachschaden. Bei der Nachtschicht verpasste er unter Bass-hämmernden Kopfhörern schon mal einen Hilferuf. Aktiv wurde er nur zur Essenszeit, wenn er Omis die Puddingcreme abschwatzte.

Warum hatte der Chefarzt ihn den anderen Bewerbern vorgezogen, warum reagierte er so gelassen auf die Klagen der Kollegen? »Das wird sich schon einspielen«, sagte er, »wir müssen dem jungen Mann eine Chance geben.« War er so rücksichtsvoll, weil ihm selbst ständig Fehler unterliefen? Im ersten halben Jahr hatte er gleich zwei Meniskusoperationen verpfuscht, wohl mangels Übung: Er griff nur zum Skalpell, wenn lukrative Privatpatienten in den OP gerollt wurden.

Hinter seinem Rücken wurde der Chef mit Spott übergossen. Ein Oberarzt landete im Raucherzimmer *den* Volltreffer: »Wisst ihr, wie wir den Chef nennen sollten? Wir nennen ihn: Mecki Messer!« Die Kollegen, auch der neue Pfleger, schüttelten sich vor Lachen. Ein paar Tage später wurde der Oberarzt zum Chef zitiert: »Noch eine Attacke gegen mich, und Mecki lässt Sie sein Messer spüren.«

Wer den Oberarzt verpetzt hatte, war bald klar, denn es sprach sich herum: Der neue Pfleger war der Sohn der Chefarztgattin, ein Kind aus erster Ehe. Er hatte das Gymnasium hingeschmissen, mehrere Ausbildungen abgebrochen und war nun, statt in der Gosse, auf der Station des Stiefvaters gestrandet.

Diese Personalpolitik setzte der Chefarzt in den nächsten Jahren fort: Ein alter Studienfreund trat als sein Stellvertreter an, eine Kollegin aus der letzten Klink kam als Oberschwester, die Tochter eines Golffreundes fand Unterschlupf als Krankengymnastin, und schließlich – um die Vetternwirtschaft perfekt zu machen – installierte er auch noch einen Cousin in der Verwaltung.

Der Chefarzt war geschickt, man hätte ihm nichts nachweisen können: Er schrieb die Stellen aus, er sammelte die Bewerbungen, er führte mehrere Einstellungsgespräche. Und dann, nach dieser »gründlichen Prüfung«, kam er immer zu demselben Ergebnis: dass seine Verwandten, Bekannten und Trabanten (von denen außer ihm keiner wusste, dass sie es waren) perfekt auf die ausgeschriebenen Stellen passten. Man kann sich die Wut der anderen Bewerber vorstellen, hätten sie von dieser Mauschelei Wind bekommen.

Auch wenn die Personalauswahl immer so dargestellt wird, als hätte sich ein unparteiischer Aufsichtsbeamter von der Korrektheit des Verfahrens überzeugt: Das Ergebnis steht oft schon im Voraus fest. Wer sich bewirbt, ohne Kontakte zu haben, wäre in einigen Fällen besser dran, wenn er einen Lottoschein ausfüllte.

Ein Drittel aller Stellen, so die offizielle Schätzung, wird unter der Hand vergeben, ohne jede Ausschreibung. Das passiert vor allem dort, wo es keine Personalabteilung gibt. Der Chef ist dann beim Einstellungsverfahren ein Richter, der nicht einmal vortäuschen muss, sich an Gesetze zu halten (im Gegensatz zu seinem ausschreibenden Kollegen), sondern der gleich eigene Gesetze macht. Und ein Paragraph lautet oft: »Wen der Chef nicht kennt, den nimmt er nicht. (Oder zumindest ungern.)«

Der Rattenschwanz der Vetternwirtschaft zieht sich durch alle Bereiche der Wirtschaft: Das geht los im Familienbetrieb, wo Blut immer dicker als Qualifikation ist, besonders bei der Vergabe von Führungspositionen. Und das pflanzt sich fort bis in den Mittelstand und bis in Großunternehmen, wo mancher

Chef eine Entourage aus Gefolgsleuten hinter sich herzieht, die mit ihm von einem Unternehmensbereich in den anderen, von einer Firma zur nächsten wechselt.

Gegenüber regulären Bewerbern ist diese Vetternwirtschaft eine Sauerei: Man schürt Hoffnungen, raubt ihre Zeit und demoliert ihr Selbstwertgefühl. Auch für die Mitarbeiter ist eine solche Mauschelei eine Zumutung, der Chef signalisiert: »Es kommt nicht auf Leistung und Qualifikation an, sondern nur auf ein gutes Verhältnis zu mir.«

Die Aufmerksamkeit wird von der Leistung für den Kunden auf die Beziehung zum Vorgesetzten gelenkt. Deshalb ist diese Vetternwirtschaft geschäftsschädigend: Der Chef sammelt eine Leibgarde um sich, und die schützt ihn vor Übergriffen der Wirklichkeit. Kritische Rückmeldungen, Vertriebsprobleme, Unstimmigkeiten – all das hält der innere Zirkel von den Ohren des großen Gönners fern. Das führt zu Fehlentscheidungen aus Unkenntnis, zu Mitarbeiterferne und auch dazu, dass sich jeder, der nicht zur »Familie« der Duzfreunde gehört, als Mitarbeiter zweiter Klasse fühlt.

Die Dunkelziffer der Unqualifizierten, die mit dem Beziehungsticket in die Festanstellung reisen und dort die Arbeitsqualität in Gefahr bringen, dürfte erschreckend hoch sein. Noch erschreckender: Auf jeden dieser Kandidaten kommt ein Bewerber, der nicht an seiner Qualifikation gescheitert ist – sondern nur an einem Mangel an Vitamin B!

Wunschkonzert

Ein Fondsmanager oder ein Affe, wer wählt die besseren Aktien aus? Das *Wallstreet Journal* wollte es wissen und ließ beide ein Depot zusammenstellen: den Affen mit Dartpfeilen, den

Manager mit »Fachverstand«. Ergebnis: Der Affe machte den größeren Gewinn. Warum ist noch niemand auf die Idee gekommen, die Personalauswahl an Affen zu delegieren? Will man die Bewerber vor Dartpfeilen schützen? An der Erfolgsquote der Chefs kann es jedenfalls nicht liegen!

Dass Bewerber in Deutschland zu sehr nach Gefühl, aber zu wenig nach Leistungstests ausgewählt werden, legte Anfang 2007 eine Studie offen. Von zwölf Ländern fand sich Deutschland auf dem letzten Platz, gemeinsam mit der Türkei! Gerade mal 6 Prozent der deutschen Unternehmen setzen auf Einstellungstests – in Finnland sind es 74 Prozent. Die deutschen Chefs heuern nach Gutsherrenart an, halten sich für unfehlbar. »Wir bewegen uns auf dem Niveau eines Entwicklungslandes«, konstatierte der Rekrutierungsexperte Prof. Karl Westhoff von der Technischen Universität Dresden.

Bewerberauswahl ist in Deutschland die Kunst des Fehlgriffs. Der Weizen wird oft von der Spreu getrennt, Topkandidaten werden aussortiert, mittelmäßige eingestellt. Schon wenn Chefs die Anforderungen an einen Bewerber definieren, reicht ihr Horizont selten über den Tag hinaus: Sie nehmen einen Gipsabdruck der gegenwärtigen Anforderungen einer vakanten Position und suchen als perfektes Gegenstück einen Bewerber. Er soll haargenau zur Stelle passen, auch durch seine Mitbringsel aus der Vergangenheit: durch Erfahrungen, durch Kenntnisse, durch Qualifikation.

Lächerlichkeiten werden zu Voraussetzungen für die Einstellung erhoben: Nur wer das aktuell gefragte Computerprogramm aus dem Effeff beherrscht und dem aktuell gefragten Geschäftstrend mindestens seine Diplomarbeit gewidmet hat, nur wer die aktuelle gefragte Fremdsprache im Schlaf beherrscht und in der bierdeckelgroßen Branche der Firma schon

über ein ausgeprägtes Kontaktnetz verfügt – nur der kommt für den Job in Frage!
Aber was spricht denn dagegen, dass Chefs ihr Ideal formulieren? Abstriche kann man ja immer noch machen! Dagegen sprechen triftige Gründe: Dieses »Ideal« ist das Produkt eines Denkfehlers! Chefs verwechseln eine Momentaufnahme mit der Ewigkeit, sie setzen stillschweigend voraus: Wer heute auf die Stelle passt, passt immer. Aber wie lange hat der Gipsabdruck einer Position heutzutage noch Bestand? Ist es nicht so, dass sich die Aufgaben im Zeitalter der Globalisierung so rasch verändern wie das Wetter im April?
Ein Computerprogramm, dessen Kenntnis heute über eine Einstellung entscheidet, kann morgen schon wieder vom Markt verdrängt sein (während der Eingestellte noch lange im Unternehmen bleibt). Und ist es wirklich klug, den Bewerber mit dem »flüssigen Oxford-Englisch« zu nehmen (der vielleicht gar kein Sprachtalent hat, sondern nur reiche Eltern, die ihn in England studieren ließen)? Oder wäre ein sprachbegabter Kandidat, trotz fehlender Englisch-Praxis, doch die bessere Wahl, weil er diesen Mangel schnell beheben und morgen Russisch, Chinesisch oder eben jene Sprache lernen kann, die dann gefragt sein wird?
Die Produktzyklen sind nur noch einen Wimpernschlag lang, verglichen mit früher, das Weltwissen verdoppelt sich alle fünf Jahre, und weil alles fließt, fließen auch die Stellenprofile. Bewerber werden in der Gegenwart eingestellt – aber für die Zukunft gebraucht. Was diese Zukunft bringen wird, wie sich der Bedarf verändert, das weiß kein Chef genau. Entscheidend darf daher nicht sein, was ein Bewerber heute kann – entscheidend müsste sein, was er morgen können wird. Die Persönlichkeit, die Lernfähigkeit, die Potenziale: Darauf kommt es an!

Aber welcher Chef stellt Potenzial über aktuelle Qualifikation? Wer sucht bei der Personalauswahl nicht nach Mängeln, um möglichst viele Bewerbungsmappen schnell auf den Stapel »unbrauchbar« zu werfen? Der Blick ist auf die Schwächen fixiert. Man fragt sich nicht, was ein Bewerber kann – man fragt sich, was er nicht kann. Aussortieren kommt vor Auswählen.

Die Anforderungen sind nicht nur kurzsichtig, sie sind auch unrealistisch definiert: Der Bewerber soll »jung und dynamisch« sein, aber zugleich »eine Promotion, Routine im operativen Geschäft und Führungserfahrung aus dem In- und Ausland« mitbringen. Erfahren wie ein Sechzigjähriger, energievoll wie ein Dreißigjähriger und billig wie ein Zwanzigjähriger: Das wär's!

Das Korsett der Anforderungen schnüren die Chefs so eng, dass kaum ein Bewerber hineinpasst. Die Bewerber gehen ans Werk, feilen und hobeln an ihrem Lebenslauf, bis er den Tatsachen nur noch entfernt, aber den Anforderungen der Stelle umso mehr gerecht wird. Nirgendwo werden so viele Sprachen gesprochen, so viele Computerprogramme beherrscht, so viele Märkte überblickt, so viele Kulturen gekannt, so viele Spezialkenntnisse ausgewiesen – wie in Lebensläufen. Auch die Quote der Arbeitslosigkeit ist sensationell gering, denn den Bewerbern ist klar: Jeder Monat ohne Arbeit wird von Chefs (oft von den gleichen, die selbst Leute vor die Tür setzen) als Schandfleck gesehen, also füllt man die Lücken: mit Sprachreisen, Fortbildungen, mit irgendetwas. Das Wunschkonzert der Vorgesetzten erzeugt ein ebenso unrealistisches Echo; die Wirklichkeit wird zum Zaungast.

Überhaupt: Wie aussagekräftig sind Bewerbungsunterlagen eigentlich? Lassen sich daraus, wie viele Chefs meinen, bombensichere Prognosen ableiten? Wenn ein Bewerber bei seiner letzten Firma zehn Jahre tätig war, wird daraus gefolgert: Er bleibt auch nach dem Wechsel lang. Könnte es nicht sein, dass sich der Bewerber gerade wegen dieser langen Dienstzeit vorgenommen hat: »Beim nächsten Arbeitgeber nur zwei oder drei Jahre.« Und lässt sich aus einem mittelprächtigen Studium wirklich auf mittelprächtige Arbeit schließen? Oder haben Psychologen nicht bewiesen, dass hochbegabte Studenten oft unterirdische Arbeitskräfte sind, mangels emotionaler Intelligenz?

Solche selbstkritischen Fragen stellen sich bestenfalls Personaler. Doch bei Einstellungen haben sie, die Profis, nur das Vorschlagsrecht – die Entscheidung liegt bei den Amateuren, den Fachchefs. Und die übergießen das Einstellungsverfahren oft mit einer Soße aus Selbstüberschätzung, Dilettantismus und Vetternwirtschaft. Der Nachgeschmack ist übel, vor allem für die aussortierten Bewerber.

Das Märchen vom Traumjob

Die Anzeige klang so überzeugend, dass Anita Böttcher (38) sofort wusste: »Diese Stelle ist mein Ding!« Das Unternehmen, ein Druckunterlagen-Hersteller, der sich als »expandierend« vorstellte, suchte eine Einkäuferin für eine »eigenverantwortliche Tätigkeit«. Die Arbeit, so hieß es, gehe »über klassische Einkaufsaufgaben hinaus«, verlange ein »hohes Maß an Kreativität und Verhandlungsgeschick«, biete »Raum für Ideen und für selbständiges Entscheiden«. Noch dazu winkten ein »attraktives Gehalt«, ein »junges, dynamisches Team« und eine »Führungsphilosophie, die den Menschen in den Mittelpunkt stellt«.

All das, was sie hier las, vermisste Anita Böttcher bei ihrem aktuellen Arbeitgeber. Sie kam sich dort wie ein Hund an der Kette vor, so eingeschränkt waren ihre Kompetenzen, so starr die Hierarchien. Mit dieser Bewerbung sollte alles anders werden.
Drei Wochen später – sie hatte sich extra ein neues Kostüm gekauft – saß sie tatsächlich im Vorstellungsgespräch. Der Einkaufsleiter, ein Endvierziger mit Panzerglasbrille und altmodischem Jackett, war von gewinnender Freundlichkeit: Er half ihr aus dem Mantel, goss Kaffee nach und pries das Unternehmen: »Bei uns geht es schwungvoll zu, das wird Ihnen gefallen: Wir treiben die fetten, eingesessenen Unternehmen vor uns her. Es wird nicht mehr lange dauern, dann ziehen wir vorbei.« In dieser Tonlage ging es weiter, man hätte seine Worte aufnehmen und sofort als Werbespot senden können.
Anita Böttcher wollte wissen, ob die ausgeschriebene Stelle neu oder vorher bereits besetzt war. Der alte Stelleninhaber, erfuhr sie, sei mittlerweile in ein anderes Bundesland gezogen und habe die Stelle »schweren Herzens aufgegeben«.
Anita Böttcher hatte Glück, denn sie wurde eingestellt. Und sie hatte Pech, denn die versprochene Stelle bekam sie nie, dem galanten Chef aus dem Vorstellungsgespräch ist sie nie wieder begegnet, und von dem jungen, beweglichen Unternehmen war weit und breit keine Spur. Ihr schien, als hätte sie sich an ihrem ersten Arbeitstag in der Firmentür geirrt!
»Eigenverantwortliche Tätigkeit« bedeutete im Alltag: Sie musste für den Chef stapelweise Angebote anfordern, eine reine Sekretariatsaufgabe, die – das stimmte immerhin! – »weit über klassische Einkaufsaufgaben hinausging«. »Raum für Ideen« bedeutete: Bei ihren Anfragen musste sie auf Geheiß des Chefs andere, vermeintlich günstigere Angebote vortäu-

schen und die Preise drücken. Das eigentliche Verhandlungsgespräch blieb immer dem Chef vorbehalten. Und das Wort »Verantwortung« fiel nur dann, wenn der Chef nach einer misslungenen Verhandlung mal wieder schimpfte: »Dafür ist Ihre Vorarbeit verantwortlich!«

Jung war das Team, aber in ein Korsett gepresst: Die Vorgesetzten, meist ältere Herren, machten die Entscheidungen unter sich aus. Über ihren Vorgänger erfuhr Böttcher: Es war nicht »schweren Herzens« gegangen, sondern in eine neue Position geflüchtet. Die Erfolge der Firma? Man hinkte den Wettbewerbern hinterher.

Das Spiel ist alt. In der Liebe heißt es »Flitterwochen« – zwischen Chef und Mitarbeiter »Bewerbungsverfahren«. Die Stimmung ist festlich, die Hoffnung groß, die Realität wird durch rosarote Töne verklärt. Chefs schreiben Stellen aus, die es so nicht gibt. Stellenausschreibungen werden als Imagewerbung gesehen, die Realität kommt darin nur in homöopathischer Dosis vor. Die Wahrheit trägt das Schleierkleid der Euphemismen. Wenn die Chefs eine »flexible Aufgabe« versprechen, kann das heißen: Chaos und Überstunden. Die Ankündigung einer »abwechslungsreichen Tätigkeit«: Man wird Mädchen für alles. Und »die Chance zu Dienstreisen«: Der Mitarbeiter wird die meiste Zeit aus dem Koffer leben müssen.

Die Eigenlob-Dreschmaschine läuft auf Hochtouren: Es gibt mehr »Marktführer« als Märkte. Jede verstaubte Klitsche mutiert zum »Traditionskonzern«, jede wackelige Neugründung zum »Unternehmen mit Zukunft«, und schon die Tatsache, dass man den Mitarbeitern keine Eisenkugel ans Bein bindet, wird als »moderner, demokratischer Führungsstil« verkauft. Wer Stellenanzeigen liest, könnte meinen: Routine und Langeweile, Geiz und Gier, starre Hierarchien und unfähige Chefs seien ausgestorben wie das Mammut.

Die Bewerber sind nur allzu gern gewillt, solche Märchen zu glauben. So war Anita Böttcher schon beim Warten auf ihr Vorstellungsgespräch in der Kaffeeecke auf dem Flur aufgefallen, dass die Gesichter der Mitarbeiter verdächtig nach Regenwetter aussahen. Und wie hatte das altmodische Äußere des Chefs zu einer ach so »modernen Firma« gepasst?

Im Vorstellungsgespräch geben sich die Chefs so, als hätten sie die gesamten Kreidefelsen von Rügen gefressen. Das Dumme ist nur: Im Alltag werden diese Felsen wieder aufgestoßen, und die triste Wahrheit fällt den Mitarbeitern auf die Füße. Dann fühlen sie sich hinters Licht geführt. Die Ernüchterung ist groß, das Vertrauen schrumpft.

Die Folge kann ein schneller Schritt in die innere Emigration sein. Oder der Mitarbeiter geht wieder auf die Stellensuche, diesmal aber mit einem festen Vorsatz: den neuen Chef und die neue Firma kritischer anzuschauen!

Hans sucht Hänschen

Eigentlich hatte sich Ursula Knauer (25) kaum Hoffnungen gemacht, als sie ihre Bewerbung an eine PR-Agentur schickte. Warum sollte ausgerechnet sie den Zuschlag bekommen? Der Arbeitsmarkt quoll über vor Geisteswissenschaftlern, Hunderte von Händen griffen nach jeder offenen Stelle. Und hatte es in der Anzeige nicht ausdrücklich geheißen, »erste Berufserfahrungen« seien erwünscht? Stattdessen konnte sie nur eine Examensarbeit über den Einfluss der griechischen Tragödie auf die Literatur des 19. Jahrhunderts vorweisen, ein Thema, das sie nicht gerade zur modernen PR-Arbeit prädestinierte. Noch dazu hatte sie an einer namenlosen Provinz-Universität studiert.

Doch das Unverhoffte geschah: Sie wurde von der Leiterin der Agentur, einer Frau Anfang dreißig, zum Vorstellungsgespräch eingeladen. Entzückt rief die Chefin: »Wissen Sie, was uns verbindet?« Ursula Knauer hatte keine Ahnung. »Wir haben an derselben Uni studiert. Wir haben beim selben Professor Examen gemacht. Und wir sind beide für ihn in sein Himmelreich der griechischen Tragödie hinaufgeklettert ...«

Die beiden Frauen lachten herzhaft, ein unverkrampftes Gespräch begann. Sie plauderten über die Nudelgerichte ihrer alten Mensa (grundsätzlich versalzen!), über die Mietpreise in der alten Stadt (grundsätzlich zu hoch!) und natürlich auch über die Lieblingsgeschichte ihres alten Professors: welch traurigen Anblick die Freier auf Ithaka boten, als sie daran scheiterten, den Bogen des Odysseus zu spannen.

Fast zwei Stunden vergingen im Nu. In den letzten zehn Minuten warf die Agenturleiterin noch ein Schlaglicht auf die offene Stelle. Das war's.

Hatte sie erfahren, ob sich Ursula Knauer für die Position eignet? Hatte sie die Details der Qualifikation, ja wenigstens der Motivation erfragt? Wäre sie überhaupt noch zu einer kritischen Betrachtung fähig gewesen, unter dieser meterhohen Sympathiewelle?

Knauer hoffte auf ein Zweitgespräch. Sieben Tage später kam eine noch bessere Nachricht: Die Agenturleiterin bat sie, mal eben vorbeizuschauen – der Vertrag sollte besprochen und unterzeichnet werden.

Wonach suchen wir Freunde aus? Nach Gemeinsamkeiten! Oft teilt man das Milieu und die Weltanschauung, manchmal den Beruf, den Wohnort, die Vergangenheit. Selten ist der

Bettler mit dem Millionär, der Kulturbanause mit dem Theaterkritiker, der Konservative mit dem Sponti befreundet. Darf man es Chefs verübeln, dass sie beim Einstellen ähnlich vorgehen? Wo ein Ingenieur an der Spitze steht, werden als Manager vorzugsweise Ingenieure eingestellt, auch wenn die Aufgabe eher kaufmännisches Wissen erfordert. Wo der Vorstandsvorsitzende viele Jahre im Ausland verbracht hat, haben Kandidaten mit Auslandserfahrung – womöglich im selben Land – allerbeste Chancen. Der Promovierte zieht oft Promovierte vor, der Betriebswirt holt Betriebswirte, und wer sich auf dem zweiten Bildungsweg nach oben gekämpft hat, wird einen Bewerber mit ähnlichem Hintergrund immer einem 08/15-Karrieristen vorziehen.

Darf man das den Chefs verübeln? Man darf! Dieses Vorgehen ist im höchsten Maße unprofessionell. Das ist so, als würde ein Fußballtrainer, der selbst gelernter Verteidiger ist, nur defensive Spieler in sein Team holen. Wer bitte soll dann im Sturm die Tore schießen, wer im Mittelfeld die Fäden ziehen? Und wie soll so ein funktionierendes Ganzes, ein Team entstehen?

Im Jahr 1776 hat ein gewisser Adam Smith in seinem Buch *Der Wohlstand der Nationen* das Prinzip der Aufgabenteilung populär gemacht. Einer Stecknadelfabrik war es gelungen, ihre Produktion von zwanzig auf achtundvierzigtausend Stück zu erhöhen. Die zehn Arbeiter stellten die Nadeln nicht mehr im Alleingang her, sie teilten die Produktion erstmals in mehrere Schritte ein. Jeder einzelne wurde Spezialist für einen bestimmten Arbeitsgang, steigerte seine Geschicklichkeit und sein Tempo.

Dieses Prinzip der Aufgabenteilung ist heute wichtiger denn je: Das Wissen explodiert, die Aufgaben in den Firmen werden vielschichtiger, kein Einzelner kann mehr alle Bereiche überblicken, keiner alle notwendigen Talente mitbringen. Ein weitsichtiger Chef stellt gezielt Mitarbeiter ein, die ihn und seine bisherigen Mitarbeiter ergänzen. Dazu müsste er sich allerdings der atemberaubenden Erkenntnis stellen, dass er selbst nicht das Maß aller Dinge ist.

Eine weitere Voraussetzung, um den Besten einzustellen, ist: Man muss ihn einstellen wollen. Gerade schwachen Vorgesetzten sitzt die Furcht im Nacken, sie könnten sich Konkurrenz ins Haus holen. Was, wenn der neue Mitarbeiter sie an Fachkenntnis, Charisma und an Redetalent überflügelt? Was, wenn sie neben ihm alt aussehen? Was, wenn er so lange an ihrem Stuhl sägt, bis sie danebensitzen und er darauf?

Solche Ängste führen zu einer Einstellungspolitik nach dem Motto: »Hans sucht Hänschen«. Die Chefs wählen Mitarbeiter aus, die ihnen ähnlich, aber so deutlich unterlegen sind, dass der Vergleich stets zu ihrem Vorteil ausfällt. Je kleiner die Mitarbeiter, desto höher ragen die Chefs heraus, als Einäugige unter Blinden, unantastbar in ihrer Macht. Denken sie. Aber mancher hat sich beim Einstellen schon in der Größe seiner Mitarbeiter verschätzt – in beide Richtungen!

Die Quasselbude

Der Bewerber räuspert sich, nimmt Anlauf zu einem Satz, aber schon fährt ihm der Chef wieder in die Parade: »Lassen Sie mich das Stichwort ›Marktkenntnis‹ aufgreifen und Ihnen erläutern, durch welche Maßnahmen ich in den letzten Jahren unser Benchmarking perfektioniert habe …«

Alle Führungskräfte wissen: Der Redeanteil in einem Vorstellungsgespräch sollte 70 zu 30 Prozent betragen. Aber wissen sie auch, dass die 70 Prozent für den Bewerber gedacht sind – und nicht für sie? Viele Kandidaten schaffen es gerade noch, beim Händeschütteln ihren Namen zu sagen, ehe der Fachvorgesetzte das Wort ergreift und es für die nächste Viertelstunde nicht mehr loslässt. Er rattert die Firmengeschichte runter, ein Heldenepos, bei dem er sich in der Rolle des jungen Siegfrieds feiert. Er lobt und preist seine Abteilung und redet so lange über die offene Stelle, als wollte er sie mit Worten und nicht mit einem Bewerber besetzen.

Während die eingestellten Mitarbeiter sich vom Marterpfahl solcher Monologe losreißen, indem sie ein klingelndes Telefon, eine dringende Arbeit oder zur Not ein dringendes Bedürfnis vortäuschen, ist der Bewerber ohne Fluchtmöglichkeit ausgeliefert. Er tut gut daran, mindestens alle zehn Sekunden ehrfurchtsvoll mit dem Kopf zu nicken und an den passenden Stellen – also quasi überall – winzige Einwürfe der Bewunderung (»einmalig!«, »toll!«, »unglaublich!«) wenigstens durch Lippenbewegungen anzudeuten; zu Wort kommt er ja nicht.

Die Zunge des Chefs ist so locker, dass er alles ausplaudert, auch seine eigenen Vorlieben und Abneigungen – eine Steilvorlage! Erklärt der Chef zum Beispiel, ein bestimmtes Fortbildungsinstitut sei für ihn der letzte »Schweineladen«, wird der Bewerber seine dort erworbenen Zertifikate nicht mehr, wie geplant, in den Mittelpunkt seiner Selbstpräsentation stellen. Und erfährt der Bewerber, dass sein Vorgänger »mehr Ideen im Kopf hatte als Hände an den Armen, um sie auszuführen«, so wird er seinen Kreativitätsmotor auf Standgas schalten und sich als grundsolides Arbeitstier darstellen. Deshalb sagen Personalexperten: Solche Informationen gehören nicht an den Anfang, sie gehören ans Ende des Gespräches. Aber die Fachchefs können sich beim Reden einfach nicht bremsen.

Denn kommt der Bewerber schließlich doch noch zu Wort und nennt die erste Station in seinem Lebenslauf, ruft der Chef vielleicht: »Das ist eine Überraschung! Sie waren bei der Huber KG – die kenne ich nämlich auch, und zwar ...« Solche Einwürfe beugen dem Risiko vor, dass der Bewerber auch mal einen Satz ohne Unterbrechung zu Ende führt. Außerdem zeigen sie: Der Lebenslauf ist für den Chef das reinste Neuland, zur Vorbereitung hat er keinen Fuß auf dieses Gelände gesetzt.

Dass sich ein Vorstellungsgespräch »aus dem Bauch heraus« führen lässt, wie ein Small Talk im Lift, ohne Vorbereitung, ohne Struktur, völlig spontan: dieser Irrglaube ist unter Fachvorgesetzten kaum auszurotten. Aber wie wollen die Chefs einem Bewerber mit vielen Berufsjahren in maximal einer Stunde gerecht werden, wenn das Gespräch ein Fluss ohne Ufer ist, wenn sie keine Bereitschaft zum Zuhören mitbringen, keine gezielten Fragen und keine Maßstäbe für ihr Urteil? Wie wollen sie drei Kandidaten miteinander vergleichen, wenn sie jedem denselben Monolog gehalten haben, aber ganz andere Fragen gestellt wurden und sie sich kaum eine Antwort merken konnten?

Ohne Vorbereitung gerät das Interview zur Quasselbude, der Bewerber wird zum Spielball eines Bauchgefühls, und am Ende behält der Dramatiker Friedrich Dürrenmatt wieder einmal recht: »Unter Intuition versteht man die Fähigkeit gewisser Leute, eine Lage in Sekundenschnelle falsch zu beurteilen.«

Fallensteller und Beute

Eine Frage im Vorstellungsgespräch brachte den Diplomkaufmann Hanno Dengel (47) arg ins Schleudern: »Sicher kennen Sie die Zeitschrift *Mittelstand und Marktwirtschaft* – oder?«

Der graumelierte Exportleiter eines Fertighausherstellers sah ihn durchdringend an. Dengel arbeitete seit über zwanzig Jahren in mittelständischen Unternehmen, er kannte sich aus. Aber diese Zeitschrift? Nie gehört! Sollte er das zugeben, dumm dastehen, seine Chancen vertun – obwohl das Gespräch bislang so gut gelaufen war?

Sein Mund öffnete sich wie von allein. Er hörte, wie er »Ja, natürlich!« sagte. Der Exportleiter ließ seinen kühlen Blick wie den Suchscheinwerfer einer Gefängnisanlage auf ihm ruhen: »Wie gefällt Ihnen diese Zeitschrift?«

Auch das noch! Dengel schluckte und murmelte beiläufig: »Ja, gar nicht schlecht gemacht.«

»Können Sie sich vielleicht an einen Artikel erinnern?«

Seine Gedanken überschlugen sich, seine Zunge wurde schwer wie Blei. Es schien ewig zu dauern, bis er sie wieder bewegen konnte: »Es ist schon eine Weile her, da war was über den Generationenwechsel in Familienunternehmen drin. Das fand ich spannend.« (War das nicht in allen Zeitschriften ein Thema? Hoffentlich!)

Der Suchscheinwerfer ließ ihn nicht los: »Was genau hat Ihnen gefallen?«

Dengel räusperte sich, um Luft zu bekommen, und presste heraus: »Das war locker geschrieben, mit Beispielen und so.«

Der Exportleiter nickte vielsagend, kritzelte ein paar Notizen auf seinen Block und fuhr mit dem Gespräch fort.

War es Hanno Dengel gelungen, seinen Kopf aus der Schlinge zu ziehen? Oder hatte ihn der Chef durchschaut? Zu Hause suchte er den Namen der Zeitschrift *Mittelstand und Marktwirtschaft* im Internet: Kein Ergebnis! Zwei Anrufe bei Kollegen, dann war klar: Der Importleiter hatte ihn mit einer Fangfrage übers Ohr gehauen.

Wer der Meinung war, der Berufsstand des Fallenstellers sei ausgestorben, wird im Vorstellungsgespräch eines Besseren belehrt: Etliche Chefs gehen auf die Lügenjagd, schrecken vor rhetorischen Schlingen und Fallgruben nicht zurück. Erst locken sie den Bewerber aufs dünne Eis der Schwindelei, durch unrealistische Stellenanforderungen, durch raffinierte Fangfragen, durch überfallartige Stressinterviews – und dann tun sie alles, damit er einbricht und gluckernd untergeht.

Die nackte Wahrheit ist aber nur auf der einen Seite des Tisches gefragt – auf der anderen, wo die Chefs sitzen, ist man großzügiger. Man redet alle Schandflecken von der weißen Weste der Firma weg und gibt den Pleitegeier, der schon auf dem Dach nistet, dreist als Adler des Firmenwappens aus. Dass Mobbingklagen laufen, dass Gewinne bröckeln, dass der abgetauchte Geschäftsführer auf der Fahndungsliste von Interpol steht – kein Wort davon!

Ein Bewerber, der kritisch nachhakt, kann seine Chancen auf die Stelle begraben; so viel »Unfreundlichkeit« lassen sich die Vorgesetzten nicht gefallen. Selbst führen sie allerdings das reinste Polizeiverhör. Das Stressinterview, inklusive Fangfragen, gilt vielen immer noch als Ultima Ratio der Personalauswahl. Wehe, der Bewerber gerät ins Straucheln und verlässt den tugendhaften Pfad der Wahrheit auch nur einen Fußbreit!

Aber stimmt es wirklich, dass Bewerber unter Druck ihr »wahres Gesicht« zeigen? Die moderne Psychologie weiß, dass Stress den Eindruck verfälscht und irrationale Handlungen begünstigt. Seriöse Rückschlüsse darauf, wie sich einer im Ernstfall am Arbeitsplatz verhält, lassen Stressinterviews nicht zu.

Und wer gibt Führungskräften eigentlich das Recht, Bewerber

als potenzielle Gauner zu behandeln – und nicht als Gäste der Firma? Die Nachfrage bei der Personalsuche geht meist von den Unternehmen aus, sie schalten eine Anzeige, sie suchen. Der Bewerber kann diese Nachfrage befriedigen, kann Probleme für die Firma lösen. Läge es nicht im eigenen Interesse, ihm – dem gesuchten Problemlöser! – mit Höflichkeit statt mit einem Lügendetektor zu begegnen?

Doch der rhetorische Bagger der Personalsucher soll vor allem riesengroße Lügengebäude einreißen. Man stellt Kontrollfragen zum Lebenslauf, gleicht die Daten der Zeugnisse ab und wertet jede Minilücke, die man so aufdeckt, als ausreichendes Indiz für den Schuldspruch. Hier reden nicht zwei Menschen auf gleicher Augenhöhe, hier begegnen sich Kommissar und Verdächtiger. Hier ist der Blick nicht nach vorne und auf die Potenziale gerichtet, hier wird im Schlick der Vergangenheit nach Schwächen gewühlt, die oft keinerlei Relevanz für die künftige Leistung haben.

Hanno Dengel bekam von der Fertighausfirma eine Standardabsage. Mittlerweile ist er froh darüber, in der Karriereberatung sagte er: »Wenn die beim Handschütteln im Vorstellungsgespräch schon alles tun, um mir den Arm auszukugeln – wer weiß, wie die mich erst als Mitarbeiter behandelt hätten!«

Der doppelte Fragenboden

Harmlos klingt sie, diese Frage im Vorstellungsgespräch, geradezu sozial: »In welchen Bereichen wollen Sie sich weiterentwickeln?« Waltet hier das Gute in Chefgestalt? Ist der Blick endlich auf die Potenziale des Bewerbers gerichtet, soll ein Entwicklungsplan noch vor dem ersten Arbeitstag aufgestellt

werden? Schön wär's! Gemeint ist mit der Frage: »Wären Sie bitte so naiv und freundlich, Ihre Schwächen zu verraten?«
Wer sich zum Beispiel für den Kundenservice bewirbt, aber noch Entwicklungsbedarf in seiner Gesprächstechnik einräumt, meint aus Sicht des Chefs: »Ich beherrsche meinen Job nicht und will ihn auf deine Kosten lernen!« Eher würde der Chef einen Besenstiel engagieren, als sich einen solchen Fortbildungspflegefall ins Haus zu holen. Der Lernwille wird nicht als Zeichen hoher Motivation, sondern nur als Eingeständnis eines Defizits gesehen. So kickt sich der Bewerber selbst aus dem Rennen, ohne es zu merken.
Am gefährlichsten im Vorstellungsgespräch sind (scheinbar) beiläufige Fragen, die zu beiläufigen Antworten verlocken. Der Bewerber gibt offenherzig Auskunft, nimmt kein Blatt vor den Mund. Den doppelten Boden der Frage bemerkt er frühestens dann, wenn der Chef nach der Antwort plötzlich ungeduldig wird und das Gespräch zu einem raschen Ende treibt.
Eine gefährliche Frage, die Chefs mit Unschuldsmiene stellen, lautet zum Beispiel: »Welcher Erfolg in Ihrem Leben macht Sie besonders stolz?« Wer jetzt ein Foto seines Sohnemanns aus der Brieftasche kramt, sich als Tenniskönig des örtlichen Vereins vorstellt oder von den Strauchtomaten in seinem Gemüsegarten schwärmt, springt mit beiden Füßen ins Fettnäpfchen. Mit dieser Frage wollte der Chef nur herauskitzeln: »Berufs- oder Privatleben, was ist Ihnen wichtiger?« Gepunktet hätte der Bewerber mit einem Hinweis auf sein erstklassiges Studium, einen pfiffigen Verbesserungsvorschlag oder sein Erfolgsprojekt bei der letzten Firma. Der brave Arbeitnehmer, denken Chefs, hat vor allem mit seinem Beruf verheiratet zu sein, nicht mit seiner Frau oder Hobbys, die ihn von Überstunden abhalten könnten.

Richtig brisant wird es, wenn sich ein Exemplar der Gattung Chef nach einem anderen Exemplar erkundigt, etwa: »Welche Dinge hätte Ihr letzter Chef nach Meinung Ihrer Kollegen besser machen können?« Aber was ist schlimm daran, jetzt die Meinung anderer zu zitieren – erst recht, wenn man schlau genug ist, die Schimpfwörter auszulassen, nicht aber den Hinweis, dass man selbst der größte Fan dieses alten, guten, kompetenten Chefs war? Die Vorgesetzten haben diese »projektive Frage« im Seminar aufgegabelt und mit ihr die (oft zutreffende) Annahme: Der Bewerber lässt bei solchen Fragen gern die eigene Meinung aus fremden Mündern sprechen – während er, direkt befragt, schlau genug gewesen wäre, diplomatischer zu antworten.

Denn dass die große Cheffamilie in puncto Zusammenhalt jeden sizilianischen Mafiaclan und jede Schimpansenfamilie im Zoo übertrifft, hat sich mittlerweile herumgesprochen. Wer *einen* Chef beleidigt – und Kritik gilt als Beleidigung! –, beleidigt *alle* Chefs! Der neue Vorgesetzte fürchtet die Wiederholungstat, will nicht das neue Opfer der alten Lästerzunge werden – und sieht von der Einstellung des »Quertreibers« ab.

Keine Frage im Vorstellungsgespräch ist harmlos, nicht einmal die nach den Hobbys: Wer sich als Bücherwurm zu erkennen gibt, nährt den Verdacht, ein teamunfähiger Einzelgänger oder kontaktscheuer Schüchterling zu sein. Wer seine Leidenschaft für den Triathlon bekennt, weckt die Befürchtung, der Arbeitsplatz sei für ihn nur ein Kurort, wo er sich vom kräftezehrenden Training erholt und die Reisekasse für den nächsten *Iron Man* auffüllt. Und wer zugibt, dass er einem Fußball hinterherrennt, sich mit dem Motorrad in die Kurven legt oder auf den Eiger kraxelt, den sieht der Chef in Gedanken schon mit

hochgelegtem Gipsbein für mindestens ein halbes Jahr krankgeschrieben. Schlechte Chancen!
Das Vorstellungsgespräch könnte auch »Unterstellungsgespräch« heißen: Jedes Wort des Bewerbers landet auf der Goldwaage, wird gedreht und gewendet und – meist negativ – interpretiert. Ansatt den direkten Dialog, den offenen Austausch oder die vertrauensbildende Begegnung zu suchen, schleicht sich der Chef lieber von hinten an. Wer andere übertölpeln will, gibt zu, dass er sie für Tölpel hält!
Dieses durchschaubare und alberne Spiel der Chefs provoziert eine Gegenreaktion: Etliche Bewerber fressen vor dem Gespräch ein halbes Dutzend Bewerbungsratgeber in sich hinein und würgen sie dann wieder heraus. So werden raffinierte Standardfragen mit ebenso raffinierten Standardantworten gekontert. Das reinste Nullsummenspiel!

10. Hier mobbt der Chef persönlich

Der Krieg in den Büros – er tobt immer öfter, er tobt immer lauter. Wer seinen Chef zum Feind hat, muss täglich an die Front. Er kann eingeschüchtert und fertiggemacht, reingelegt und rausgeekelt werden. Mal mobbt der Chef persönlich, mal lässt er seine Bluthunde auf das Opfer los. Hier lesen Sie unter anderem …

- warum sich die Zahl der psychischen Krankheiten am Arbeitsplatz in den letzten dreißig Jahren vervierfacht hat;
- wie ein Chef seinen ideenreichsten Mitarbeiter mit einer Intrige in eine Besenkammer verbannt;
- mit welchen Anzüglichkeiten ein schmieriger Geschäftsführer seiner jungen Referentin zu Leibe rückt.

Ab in die Besenkammer!

Eines Tages fand sich der Personaler Volker Nigbur (37) in einer Besenkammer wieder, abgeschoben von seinem Chef, ausgegrenzt von seinem Team, im wahrsten Sinne auf verlorenem Posten. Zwei Abmahnungen hatte er kassiert, seine Internetverbindung war gekappt worden, und was sich auf seinem Schreibtisch häufte, war keine Arbeit, das war Schikane. Wie hatte es so weit kommen, wie hatte er in nur zehn Monaten so tief stürzen können?

Zwei Jahre zuvor hatte er in der Trainingsabteilung eines großen Pharmakonzerns begonnen, dort wurden die Schulungen der Außendienstmitarbeiter organisiert. Der *Training*

Manager, sein Vorgesetzter, war ein ehemaliger Pharmareferent, der sich in der Rolle des großen Veteranen gefiel: Er – nur er! – kannte die Front des Außendienstes, hatte ein Jahrzehnt um Abschlüsse gekämpft. Welche Schulungen ihm damals geholfen und welche ihn genervt hatten, das war der Kompass seines Handelns. Vorschläge seiner Mitarbeiter, meist Betriebswirte, kanzelte er gern als »Anleitungen zum Trockenschwimmen« ab.

Nigbur sprühte vor Ideen, brachte bei jeder Teamrunde seine Denkanstöße ein. Einmal warf er die Frage auf: War es wirklich gut, dass die Nachwuchsvertreter bei den Einstiegsschulungen durch ihre Kursleiter bewertet wurden? Im Seminar gaben sie sich dann als Musterschüler, das hatte er vor Ort erlebt. Die wahren Probleme kamen erst beim Kaffee auf den Tisch, wenn der Kursleiter außer Hörweite war.

Also schlug Nigbur vor: »Wir sollten auf diese Bewertungen verzichten und eine schriftliche Selbsteinschätzung einführen. Jeder kann dort seine persönlichen Lernwünsche nennen.«

Sein Chef rollte mit den Augen: »Auf welchem Stern, Nigbur, sind Sie eigentlich zu Hause? Das Erste, woran Sie Außendienstler gewöhnen müssen, ist die Erfolgskontrolle.«

»Aber diese Kontrolle greift doch ins Leere. Wir beurteilen nur Fassaden.«

»Dann haben wir vierzig Jahre das Falsche gemacht und hätten nie ein Weltkonzern werden dürfen – sondern gleich so tolle Hechte wie Sie ans Ruder lassen müssen …«

Mit drohendem Unterton wandte er sich an die Runde: »Oder gibt es noch jemanden, der dieses Hirngespinst von Herrn Nigbur teilt?« Köpfe wurden geschüttelt, einige gesenkt; Solidarität bekannte keiner. Nach dieser Sitzung veränderte sich das Klima: Gespräche rissen ab, wenn Volker Nigbur hinzutrat, Kollegen zeigten tuschelnd in seine Richtung, der Chef sah immer öfter durch ihn hindurch.

Er war betrübt, aber nicht entmutigt. Ein paar Wochen später brachte er bei der Runde eine neue Idee ein: »Wie wäre es, wenn wir für unsere Vertreter Praktika in Arztpraxen und Krankenhäusern organisieren würden? Dort können sie die Einkaufspolitik einmal aus der Nähe studieren. Dieses Wissen würde den Verkauf anschieben und die Verständnislücke durch die Gesundheitsreform schließen.«

Sein Chef fasste sich an den Kopf: »Nigbur, ich habe Ihre Ideen langsam satt, Sie sind ein unverbesserlicher Quertreiber! Praktika statt Schulungen – dass ich nicht lache!«

»Aber es geht mir um Praxisnähe ...«

»Wollen Sie mir etwas von der Praxis erzählen – *Sie mir*?«

Zur nächsten Teamrunde wurde Volker Nigbur nicht mehr eingeladen. Bei wichtigen Mails stand er nicht mehr im Verteiler. Bei jedem Versuch, in größerer Runde zu Wort zu kommen, fuhr ihm sein Chef über den Mund. Irgendwann gingen die Kollegen ohne ihn zum Mittagessen. Er war isoliert.

Eines Morgens bellte der Chef: »Das Seminar in Darmstadt absagen, hören Sie!«

»Wie? Der Termin für morgen steht doch schon seit vier Wochen.«

»Den Trainer absagen! Der Außendienst weiß Bescheid.«

Nigbur tat, wie ihm geheißen. Am nächsten Morgen roch es nach Steinigung, sein Chef zischte vor versammelter Mannschaft: »Sie Saboteur, Sie! Ich werde verhindern, dass Sie die ganze Abteilung ruinieren!«

»Ruinieren? Wovon sprechen Sie?«

»Das wissen Sie genau! Sie Wahnsinniger haben den Trainer

und das Hotel in Darmstadt storniert! Jetzt stehen fünfzehn unserer teuersten Mitarbeiter vor verschlossenen Türen!«
»Aber Sie haben mich doch angewiesen, den Kurs zu streichen!«
»Machen Sie sich nicht lächerlich!«
Volker Nigbur konnte nichts nachweisen, erhielt eine Abmahnung, wurde abgeschoben in einen anderen Gebäudeteil, bekam eine ehemalige Besenkammer als Büro, dazu einen flimmernden und nicht Internet-tauglichen Laptop. Sein Telefon war nur für hausinterne Gespräche freigeschaltet. Er durfte keine Gleitzeit mehr nehmen, musste von 8 bis 16 Uhr anwesend sein. Es war wie Isolationshaft, noch dazu mit demütigender Arbeit: Er musste stapelweise Formulare zur Seminarbewertung erfassen, eine klassische Aushilfsarbeit. Und sein Chef schikanierte ihn mit komplizierten Übersetzungen aus dem Englischen, zu Produkten, die längst nicht mehr vertrieben wurden. Einmal weigerte er sich. Da setzte es die zweite Abmahnung.
Ein knappes Jahr hielt Nigbur den Terror aus. Dann war er mit seinen Nerven am Ende und musste sich krankschreiben lassen.
»Wer gesund ist und arbeiten will, hat in der Welt nichts zu fürchten«, schrieb Gotthold Ephraim Lessing vor über zweihundert Jahren. Dieser Satz klingt heute so grotesk, dass ihn jede Satirezeitschrift drucken könnte. Die Wartezimmer der Psychologen quellen über vor Menschen, die am Arbeitsplatz Erfüllung gesucht, aber nur Schikane gefunden haben. Inzwischen gehen 9 Prozent aller Krankheitstage auf psychische Störungen zurück. Dieser Anteil hat sich in den letzten dreißig Jahren mehr als vervierfacht! Und obwohl die deutsche Wirtschaft brummt, beklagen 44 Prozent der Mitarbeiter ein

verschlechtertes Betriebsklima. Das kam 2007 bei einer *Forsa*-Umfrage für die Zeitschrift *Stern* heraus.

Der Begriff »Mobbing« wurde von Konrad Lorenz, dem großen Verhaltensforscher, eingeführt; er beschrieb damit den Angriff von Gänsen auf einen Fuchs. Schwedische Ärzte übertrugen dieses animalische Verhalten aufs Arbeitsleben. Das englische Wort »Mob« steht für »Pöbel«. Von Mobbing spricht man, wenn ein Mensch am Arbeitsplatz über längere Zeit schikaniert wird, mindestens einmal pro Woche. Achthunderttausend Menschen gelten in Deutschland als Mobbingopfer.

Der Frankfurter Psychologe Prof. Dieter Zapf hat rund vierhundert Mobbingfälle untersucht und fand heraus: In sieben von zehn Fällen mischt bei diesem schmutzigen Spiel ein Vorgesetzter mit (dann spricht man auch von »Bossing«). Der Mitarbeiter hat kaum eine Chance, sich zu wehren: Der Chef ist Gesetzgeber, Regierung und Richter in einer Person. Statt Gewaltenteilung herrscht Willkür.

Die Zahl der seelischen Foltermethoden ist groß. Der Chef kann sein Opfer überfordern oder zu Tode langweilen, er kann es ohne Informationen verhungern lassen oder unter einer Informationsflut ersaufen lassen, er kann gute Arbeit ignorieren oder schlechte ironisch loben. Vor allem kann er öffentlich das Jagdhorn blasen, das Opfer ausgrenzen, anschreien, lächerlich machen, es vor sich hertreiben, bis die Meute einfällt.

Wehrt sich der Mitarbeiter, ist er »aufsässig«, und das rechtfertigt die Angriffe. Wehrt sich der Mitarbeiter nicht, ist er ein »Weichei«, und das rechtfertigt die Angriffe ebenfalls. Wie er auch reagiert, er pustet das Mobbingfeuer nur noch an, nicht mehr aus. Bauchschmerzen und Schlafstörungen, Versagensangst und Atemnot, Depression und sozialer Rückzug können die Folgen sein.

Mobbing ist auf Eskalation ausgerichtet: Erst wird einer ausgelacht, dann wird er ausgegrenzt, schließlich so lange für verrückt und krank erklärt, bis er tatsächlich krank, wenn nicht gar verrückt wird. Die Firmen kostet das Milliarden, die Gemobbten oft das Leben, wie eine Studie des *TÜV Rheinland* ergab: Jeder fünfte Selbstmord geht auf Schikane im Beruf zurück!

Die Schöne und das Biest

Die Sportpädagogin Nicole Stenzel (29), groß, blond, sonnig, kam mit einem verzwickten Problem in die Karriereberatung: »Wie weise ich die Anmachen meines Chefs zurück, ohne mir die Karrierechancen zu verderben?« Genauso gut hätte sie fragen können: »Wie fasse ich einem Krokodil ins Maul, ohne gebissen zu werden?«

Seit achtzehn Monaten war sie für eine bekannte Hilfsorganisation tätig, eingestellt hatte sie der Geschäftsführer, ein verheirateter Mittvierziger, der vor Selbstbewusstsein und vor Übergewicht beinahe aus dem Anzug platzte. Sein Ton war jovial, das hatte Nicole Stenzel anfangs gefallen. Als Key Account Managerin sollte sie den Dialog mit den Großspendern pflegen und diese – so der Geschäftsführer – »ein wenig um den Finger wickeln, Sie haben doch den nötigen Charme und das nötige Äußere«.

Mit dieser schmeichelhaften Prognose lag er richtig: Stenzel stöckelte mit wallendem Blondhaar durch die Büros der Wohltätigen, verbreitete dabei Glamour, als käme sie gerade vom Laufsteg, aber konnte mit dem Baulöwen ebenso natürlich über Schlechtwettergeld plaudern wie mit dem Modeketten-Mogul über die jüngste Schmuckkollektion. Das Spendenvolumen stieg spürbar an.

Das Verhältnis zum Geschäftsführer war gut. Er lobte ihre Arbeit und gleichzeitig sich selbst: »Ich weiß schon, warum ich Sie eingestellt habe.« Eines Abends, nach dem Dinner mit einem Großspender, schlug der Chef vor: »Lassen Sie uns ein gemeinsames Taxi nehmen, mein Haus liegt auf dem Weg.« Beide rutschten auf die Rückbank. Drei Gläser Champagner hatten ihn locker gemacht, er fragte: »Wollen wir uns nicht duzen.« – »In Ordnung«, sagte sie. Er rückte mit seinem massigen Körper näher, und plötzlich lag seine Hand auf ihrem Knie. Sie, erschrocken und angewidert, stieß die Hand weg: »Duzen, nicht tatschen!« Er baggerte weiter: »Wenn du mich um eine Spende bitten würdest, Nicole, egal welcher Art – ich könnte nicht nein sagen.«

»Wenn Sie spenden wollen – Sie kennen ja unsere Kontonummer.« Vor lauter Aufregung war ihr das »Du« wieder entfallen.

Bei der nächsten Besprechung in seinem Büro kam er auf den Abend zurück: »Nicole, wir sollten mal wieder zusammen Taxi fahren.« Sie wusste nicht, was sie sagen sollte, fuhr mit ihrem Spendenbericht fort. Seine Komplimente wurden immer anzüglicher. Einmal deutete er auf eine Falte in ihrem Rock und sagte: »Ich würde nicht so geknickt aussehen, wenn ich dir so nahe wäre.« Oder er hielt ihr, als sie gerade sprach, seinen dicken Zeigefinger an die Lippen, bis sie schwieg, und sagte: »Deine Lippen könnten mir auch mal eine wortlose Botschaft übermitteln.« Gleichzeitig spitzte er seine Lippen. Sie wich zurück.

Bei jeder Gelegenheit streifte er sie wie zufällig, tätschelte ihre Schulter und schlang den Arm, scheinbar freundschaftlich, um ihre Hüfte. Sie riss sich los, bat ihn um körperlichen Abstand, setzte freundlich Grenzen – aber ihr Chef schritt

lockeren Fußes darüber hinweg. Er hatte sie in der Hand, das war ihm klar, er würde über ihre Karriere entscheiden, ihre nächste Gehaltserhöhung, ihren Wunsch nach einem Dienstwagen, der seit dem Vorstellungsgespräch im Raum stand. Mit Blick auf das Auto sagte er:
»Wenn du den Wagen bekommst – wohin fahren wird beide dann?«
»Zu dienstlichen Terminen.«
»Und was machen wir danach?«
»Nach Hause fahren.«
»Zu dir oder zu mir?«
Er grinste schmierig. Machte er den Dienstwagen, die berufliche Förderung tatsächlich davon abhängig, ob sie seine Hand auf dem Knie oder gar an anderen Orten duldete? War der Vorfall im Taxi, waren diese Anspielung nicht schon sexuelle Belästigungen? Was konnte sie unternehmen? Zum Betriebsrat gehen? Zur Polizei? Doch sie hatte ja keine Zeugen, alles war unter vier Augen passiert. Und wie hätte sie gegen ihn vorgehen können, ohne sich selbst zu schaden? Zu allem Unglück war ihr die Arbeit ans Herz gewachsen, sie wollte unbedingt bei der Hilfsorganisation bleiben.
Der Unterschied zwischen Kompliment und Anmache, Schulterklopfen und anzüglicher Berührung, zwischen Dienst und Liebesdienst: Nicht jeder Vorgesetzte nimmt es genau damit. Eine Mitarbeiterin hat ihrem Chef zu liefern, was der Chef begehrt, dienstlich und auch sonst. Und will Frau das nicht auch? Sind hohe Pumps, Miniröcke und knallrote Lippen keine Einladung zu Vorstößen? Gerade dieses Machodenken macht Frauen ohnmächtig; so werden sie vom Opfer zur Täterin gestempelt, und der verbale Übergriff geht als Kavaliersdelikt, als »schlagfertige Antwort« durch.

Eine Mischung aus Größenwahn und Hierarchiekalkül treibt die Romeos der Chefetage an. Größenwahn, denn sie halten ihre dienstliche Macht für einen Lockstoff, dem keine Frau widerstehen kann, auch wenn sie dreißig Jahre jünger und hundert Kilo leichter ist. Hierarchiekalkül, denn sie wissen: Eine Frau in freier Wildbahn kann vor ihnen davonlaufen – die Mitarbeiterinnen dagegen sind ihnen ausgeliefert, räumlich und hierarchisch. Nach einer EU-Studie hat in Deutschland bei jedem fünften sexuellen Übergriff ein Chef (oder ein Kollege) seine Finger im Spiel. Diese Finger kommen in hiesigen Chefetagen oft zum Einsatz, denn außer in Irland und in Schweden werden Frauen nirgendwo in Europa häufiger als in Deutschland belästigt, wie *Spiegel-Online* im Februar 2007 berichtet hat.

Wir ekeln dich raus!

Was der Polizist für den Gauner ist, der TÜV für die Rostlaube und die Katze für die Maus, das ist der Arbeitsrichter für den Chef: ein natürlicher Feind. Mit seinem Hammer kann er die schönsten Entlassungen zertrümmern. Der Mitarbeiter kehrt dann mit einem Triumphzug in die Firma zurück. Oder er bleibt mit einer fürstlichen Abfindung, einer Art Schmerzensgeld, zu Hause.

Der erste Fall unterminiert die Autorität des Chefs: Was denken seine Mitarbeiter, wenn er eine Entlassung widerrufen, den alten Kollegen als neuen begrüßen und durch die Blume zugeben muss: »Ich bin zu blöd zum Kündigen!«? Der zweite Fall verschlingt Geld, denn pro Dienstjahr sahnt der Mitarbeiter mindestens ein halbes Monatsgehalt ab. Ein Spezialist mit fünfunddreißig Dienstjahren und fünftausend Euro im Monat bekommt rund hunderttausend Euro; dafür hätte man ihn gleich bis zur Rente weiterbeschäftigen können.

Einen Mitarbeiter so aus dem Sattel zu werfen, dass er nie mehr aufs Pferd klettert, darin besteht die Kunst. Ein Teil der Chefs ist naiv genug, von der »perfekten Kündigung« zu träumen. Sie stopfen jenes Geld, das sie durch Entlassungen sparen wollen, in die Taschen von Topanwälten. Aber lässt sich der Arbeitsrichter deshalb weismachen, ein Firmenbleistift im Auto des Mitarbeiters reiche für eine »außerordentliche Kündigung« (denn ein Diebstahl, eine Tätlichkeit oder mindestens ein Spesenbetrug muss es bei dieser Art der Entlassung schon sein)?

Die beliebteste Abschussrampe ist eine »ordentliche Kündigung« – nicht aus persönlichen und verhaltensbedingten Gründen (die ließen sich ja überprüfen!), sondern aus »betriebsbedingten Gründen«. Wie soll der Richter widerlegen, dass die Firma abspecken muss, um schlank genug für den Wettbewerb der Zukunft zu sein? Allerdings gilt das Prinzip der »Sozialauswahl«: Je länger ein Mitarbeiter im Betrieb ist, je höher sein Lebensalter und je größer seine Unterhaltspflicht, desto besser ist er geschützt – sagt das Gesetz. Und desto eher wird er entlassen, weil er teuer ist – sagt die Logik der Chefs. Der Arbeitsrichter muss nicht lange überlegen.

Der zweite Teil der Chefgemeinde sieht die Sache realistischer: Perfekte Kündigungen gibt es so wenig wie perfekte Morde. Es sei denn, man brächte das Opfer dazu, sich selbst zu liquidieren! Was, wenn der Arbeitnehmer seinen Vertrag »aus freien Stücken« kündigt? Dann verfällt der Anspruch auf Abfindung, dann ist keine Klage auf Wiedereinstellung möglich, dann ist das Problem »sauber gelöst«.

Sauber? Nicht ganz. Denn wie lässt sich ein Mitarbeiter zu

einem solchen Sprung ins Bodenlose bringen? Indem der Chef ihm die Hölle heißmacht. Gerade in Betrieben, die Arbeitskräfte abbauen, ist Mobbing immer öfter ein Mittel zum Zweck; Mitarbeiter sollen auf die billigste Weise aus ihrem Vertrag geekelt werden. In seinem Standardwerk »Mobbing« beschreibt der Konfliktpionier und Arzt Heinz Leymann, von welchen Angriffen ihm Opfer berichteten (hier auf Chefs bezogen):

1. *Angriffe auf die Möglichkeit, sich mitzuteilen*
   Der Mitarbeiter wird von seinem Chef unterbrochen, muss ständige Kritik erdulden, stößt nur auf Widerwillen, Abwinken, Kontaktverweigerung. Der Chef schreit ihn an, schimpft ihn aus, droht und grollt.
2. *Angriffe auf die sozialen Beziehungen*
   Der Chef tut so, als sei sein Mitarbeiter Luft, lässt sich nicht mehr ansprechen, spricht ihn nicht mehr an. Das Opfer wird wie ein Pestkranker abgeschoben, möglichst in einen weit entfernten Raum, den Kollegen ist jeder Kontakt untersagt.
3. *Auswirkungen auf das soziale Ansehen*
   Der Chef streut Gerüchte über den Mitarbeiter, macht ihn lächerlich, stellt ihn als Irren dar. Er imitiert die Stimme, den Gang, die Gesten des Opfers, zieht über dessen Privatleben her. Er zwingt es zu unwürdigen Arbeiten, gibt unfaire Urteile ab, verwendet Schimpfwörter und scheut auch vor sexuellen Belästigungen nicht zurück.
4. *Angriffe auf die Qualität der Berufs- und Lebenssituation*
   Der Chef gibt seinem Opfer keine Aufträge mehr, langweilt es zu Tode. Oder er zwingt es zu Aufgaben, die weit

unter oder über dessen Niveau liegen, mal sinnlos, mal höchst dringend und in der vorgegebenen Zeit nicht zu bewältigen.
5. *Angriffe auf die Gesundheit*
Das Opfer muss Arbeiten erledigen, die gefährlich sind, zum Beispiel giftige Stoffe entsorgen. Der Chef droht körperliche Gewalt an, es kann zu Tritten oder Schlägen kommen (vor allem im Handwerk) oder zu sexuellen Übergriffen (vor allem im Büro). Man zermürbt das Opfer systematisch, etwa durch Anzeigen beim Finanzamt, durch das Löschen von Daten auf dem Computer oder durch spöttische Kommentare in Internetforen.

»Ein Beruf ist das Rückgrat des Lebens«, schrieb der Philosoph Friedrich Nietzsche. Mobbing ist der Versuch, einem Menschen dieses Rückgrat zu brechen.
Abwertungen und Anfeindungen, Intrigen und Übergriffe: Wer erträgt diese Last auf Dauer? Erst kämpfen die Mitarbeiter mit den Angreifern, dann mit der eigenen Gesundheit, und schließlich zerschlagen sie die Kette dieser grausigen Knechtschaft, indem sie kündigen. Womit das Problem für den Chef erledigt ist – aber nicht für sie: Neue Arbeitsplätze sind rar. Und Alpträume lassen sich nicht kündigen!

Die bestellte Klassenkeile

Von heute auf morgen, ohne erkennbaren Grund, wurde der Chef des Aufzugtechnikers Dirk Heiners (53) ein neuer Mensch. Bis dahin hatte der Serviceleiter (31) mehrfach versucht, den krebskranken Techniker zur Kündigung zu bewegen: »Sie sind krank, sehen Sie das doch endlich ein! Ich kann keine Dienstpläne schreiben, wenn ich nicht weiß: Sind Sie nächste Woche noch da? Oder wieder in der Chemo? Oder unterm Messer?«

Er hatte vorgeschlagen, Heiners sollte »einen Deal mit der Krankenkasse« machen, vorzeitig in Rente gehen. Aus seinem Motiv machte er keinen Hehl: »Ihr Gehalt ist das höchste von allen Technikern, da kann ich mich nicht mit einer halben Leistung begnügen.« Doch Dirk Heiners war mit Erfolg operiert worden und wollte unbedingt im Beruf bleiben.

Bei einer Teamsitzung zeigte der Chef sein neues Gesicht. Man plante die Urlaubstermine fürs nächste Jahr, da sagte er: »Herr Heiners, Sie haben zuletzt viel durchgemacht. Bitte tragen Sie als Erster Ihre Wunschtermine ein.« Heiners stutzte. War das Ironie? Nein, sein Chef nickte ihm aufmunternd zu. Also gut! Er reservierte sich die ersten drei Wochen der Sommerferien, die Gleittage an Ostern, acht Tage in den Herbstferien. Endlich würde er, statt des Krankenhausmiefs, mit seiner Frau und den beiden Töchtern wieder die Bergluft in ihrem Tiroler Kurort schnuppern.

Die Personaldecke der Firma war dünn, es konnte nur ein Techniker zur selben Zeit in Urlaub sein. Den Kollegen blieben die Restwochen. Ein anderer Familienvater, der zurückstecken musste, schimpfte vor sich hin.

Der Teamleiter setzte seinen Schmusekurs fort, bei der nächsten Arbeitsbesprechung sagte er: »Meine Herren, ich muss es einfach mal betonen: Wenn ich sehe, was Herr Heiners als angeschlagener Mann leistet, dann frage ich mich: Wofür bekommen einige von Ihnen ihr Geld?« Ehe Heiners widersprechen konnte, zischte ein Kollege: »Der muss ja auch aufholen, im letzten Jahr sind wir alle für ihn eingesprungen.« Das stimmte. Zwei Techniker hatten sogar ihren Urlaub stornieren müssen; eine Krankheitsvertretung war nicht eingestellt worden.

Als der Fahrstuhl eines wichtigen Kunden feststeckte, wurde ein Serviceteam von drei Mann geschickt, darunter Dirk Heiners. Man brachte den Lift wieder in Bewegung, aber nur kurzzeitig: Am nächsten Tag hing er wieder. Der Kunde beschwerte sich, der Teamleiter knöpfte sich die beiden Kollegen von Heiners vor: »Solche Schlamperei werde ich nicht länger dulden!« Zu Heiners sagte er vor den anderen: »Sie können nichts dafür, Sie sind durch Ihre Krankheit angeschlagen und ein wenig aus der Praxis.«

Der Serviceleiter gestattete Heiners, wenn der Arzttermine hatte, morgens später zu kommen und abends früher zu gehen. Fühlte er sich nicht wohl, durfte er nach Hause. Eines Tages – keiner weiß wie – sprach sich unter den Kollegen sein tatsächlich stattliches Gehalt herum, was ihm durch eine Andeutung des Chefs gesteckt wurde.

Die Stimmung kippte. Im Monteurskoffer von Heiners fehlten zwei wichtige Werkzeuge, bei Notrufen rückten die Kollegen ohne ihn aus, und in der Kantine saß er neuerdings allein am Tisch. Bei den Teamrunden wurde er offen angegiftet. Sein Chef schwieg. Ein anonymer Absender mailte ihm das Foto eines Flusskrebses und schrieb: »Der Krebs ist langlebiger, als man denkt!« Ein paar Wochen, und Heiners war am Ende. Er musste sich wieder krankschreiben lassen.

Welche Rolle spielen die Chefs, wenn ein Kollege von anderen gemobbt wird? Waschen sie ihre Hände in Unschuld? Oder *lassen* sie mobben? Indirektes Mobbing ist eine raffinierte Variante. Der Vorgesetzte erreicht, was er will, ohne sich die Hände schmutzig zu machen. Es gibt drei Möglichkeiten: das Wegschauen, das Anstiften und das Schüren von Neid.

WEGSCHAUEN: In Abwandlung des Kommunikationspsychologen Paul Watzlawick gilt: Ein Chef kann nicht *nicht* führen. Alles, was er tut, aber auch alles, was er lässt, ist ein Signal an die Mitarbeiter. Erst recht, wenn er beim Mobbing tatenlos zusieht, sich nicht einmischt, den Unparteiischen spielt. Das ist so, als ließe ein Schiedsrichter alle schweren Fouls gegen einen bestimmten Spieler durchgehen. Wie lang würde es wohl dauern, bis dieser Spieler nach Belieben getreten würde, bis ihn die Sanitäter vom Platz tragen müssten? Das Wegschauen des Chefs wird von den Angreifern als Ermutigung, das Schweigen als stille Zustimmung gewertet.

ANSTIFTEN: Der Chef wirft den ersten Stein, erniedrigt das Opfer öffentlich, gibt die Richtung vor. Die Kollegen spüren: Wer sich hinter den Angegriffen stellt, hat den Chef gegen sich. Wer auf ihn eindrischt, hat den Chef zum Freund. Dem ersten Stein folgt ein Steinhagel. Der Chef kann aufs Wegschauen umschalten.

SCHÜREN VON NEID: Der Vorgesetzte greift in den Giftschrank der subtilen Intrige (wie der Chef von Dirk Heiners): Er bevorzugt das Opfer, hebt es durch Lob über die Kollegen. Ein solcher Klassenstreber, so sein Kalkül, wird seine Keile schon bekommen, und das nicht zu knapp! Diese Variante ist besonders hinterhältig – psychologisch wie arbeitsrechtlich. Psychologisch, weil der Mitarbeiter die soziale Unterstützung verliert: Niemand in der Firma wird ihn trösten, anders als wenn der Chef allein mobbt und einige Kollegen das Opfer heimlich unterstützen.

Arbeitsrechtlich ist es durchtrieben, weil der Vorgesetzte an der Situation scheinbar unbeteiligt ist. Hat er nicht alles getan, um den Mitarbeiter zu fördern? Doch nun – leider, leider! – ist der Betriebsfrieden massiv gestört, und ihm bleibt nichts anderes übrig: Er muss den Mitarbeiter »aus der Schusslinie nehmen«, ihn zum Beispiel in ein weit entferntes Büro setzen. Dann kann er die Hände in den Schoss legen. Das Mobbinggift tut seine zersetzende Wirkung von allein.

Chef frisst Chef

Wer die Arbeitswelt in Schwarz und Weiß, in Chefs und Mitarbeiter unterteilt, begeht einen Denkfehler: Es gibt eine große Grauzone, sprich: das mittlere Management. Diese Manager sind beides zugleich: Chef, wenn sie ihre Mitarbeiter *anweisen*; Mitarbeiter, wenn sie von ihrem Chef *angewiesen werden*. Jeder, bis auf den Firmeninhaber, hat über sich noch einen Chef, also auch einen potenziellen Mobber.
Der Charakter einer Spezies lässt sich daran erkennen, wie sie mit dem eigenen Nachwuchs umgeht. Werden die kleinen Fische von den großen geschützt – oder werden sie gefressen? Wie springt der Chefarzt mit dem Oberarzt um, der Vorstand mit dem Abteilungsleiter, der Personalchef mit dem leitenden Kaufmann? Daraus lässt sich auch auf das Verhalten gegenüber Mitarbeitern schließen.
Die ganze Wahrheit kommt vor den Arbeitsgerichten auf den Tisch. Wer in die Urteile schaut, blickt in einen Abgrund aus Intrigen und Psychoterror, aus Mobbing und Fäkalsprache. Hier drei Fälle, die vor Gericht aufgeschlagen sind:

Chef- gegen Oberarzt: Es war *die* Chance seines Lebens: Als 2001 der alte Chefarzt ausschied, griff der erste Oberarzt einer neurochirurgischen Klinik nach der Position. Er bekam sie auch zu fassen, aber nur kommissarisch. Am Ende setzte man ihm einen Chefarzt von außerhalb vor die Nase. Der Krieg begann.

Den ersten schweren Treffer musste der Oberarzt nach ein paar Monaten einstecken: Der Chef strich ihm seinen dreiwöchigen Sommerurlaub, mit der Begründung, er selbst, der Chefarzt, sei in dieser Zeit abwesend. War er auch. Aber nur einen Tag!

Im Herbst schien der Oberarzt mehr Glück zu haben, Urlaub war ihm vom 11. bis zum 27. Oktober genehmigt worden. Doch am 18. Oktober war das Glück vorbei: Der Chef pfiff ihn in die Klink zurück. Begründung: Er, der Chefarzt, verspüre ein dringendes Urlaubsbedürfnis, und das habe natürlich Vorrang. Der Chef urlaubte wieder nur *einen* Tag! Dafür hatte der Oberarzt seinen Urlaub geopfert.

Die Demontage durch den Chef machte sich auch im Arbeitsalltag bemerkbar: Er bügelte Vorschläge seines Oberarztes ab, machte ihn vor Kollegen zur Schnecke und schnauzte den erfahrenen Operateur an: »Wenn Sie es nicht können, zeige ich Ihnen demnächst, wie es geht.« Bei einer Besprechung über Bereitschaftsdienste bekam der Oberarzt an den Kopf geworfen, er wolle ja nur »seinen Arsch im Bett lassen« und »seine Pfründe« sichern.

Die Front rückte immer näher – eines Tages flog die Tür des Oberarztes auf, und der Hausdienst schleppte einen zweiten Schreibtisch in seinen Raum. Ein Kollege, so hieß es, sollte auf Geheiß des Chefarztes das Zimmer mit ihm teilen. Ein Ansinnen, das beide Ärzte ablehnten. Höhepunkt: Die Sekretärin des Chefarztes forderte den Oberarzt auf, sein Büro drei Stunden für eine Teilzeitkraft zu räumen. Wohlgemerkt: Der Oberarzt war kein Laufbursche, sondern ein angesehener Chirurg mit über hunderttausend Euro Jahresgehalt.

Der Arzt stürzte in eine schwere Depression, wurde mehrmals für längere Zeit krankgeschrieben, ambulant und stationär behandelt. Schließlich zog er vors Arbeitsgericht, um die Entlassung des Chefarztes zu erzwingen, ein Schmerzensgeld durchzusetzen und sich eine angemessene Position außerhalb der Reichweite des Chefarztes zu erkämpfen.

Im Kern konnte der Chef nicht alle Vorwürfe abstreiten, wohl aber seinen Tonfall und die Wortwahl. Im Urteil des Landesarbeitsgerichts Hamm findet sich die bemerkenswerte Formulierung: »Der Gebrauch des besonders herabwürdigenden Wortes ›Arsch‹ ist nicht nachzuweisen. Zudem hat sich Dr. XXX hierfür entschuldigt.«

Zwei Instanzen lehnten die Klage ab, doch im Oktober 2007 entschied das Bundesarbeitsgericht: Der Oberarzt habe sehr wohl Anspruch auf ein Schmerzensgeld und auf eine andere Position, sofern in der Klinik vorhanden. Nur die Entlassung des Chefarztes könne gerichtlich nicht verordnet werden (BAG, 8 AZR 593/06; Landesarbeitsgericht Hamm, 16 Sa 76/05; Arbeitsgericht Dortmund, 8 (4) Ca 5534/04).

Vorstand gegen Führungskraft: Eine nervenaufreibende Schlacht musste auch die Führungskraft eines Großunternehmens in Baden-Württemberg ertragen. Als Diplom-Kaufmann war der Mann seit 1985 in der Firma, er leitete eine Marketingeinheit und war Herr über zwölf Mitarbeiter und einen Etat von fünfzehn Millionen Euro. Seine Jahresziele überflügelte er regelmäßig.

2001 wurde ihm für zwölf Monate ein neues Projekt übertragen: mit Sekretärin, Entscheidungsbefugnis und dem festen Versprechen eines Vorstandes, danach winke ihm eine Linienfunktion im Bereich »Kommunikation«. Doch als ein Jahr vorbei war, winkte da gar nichts – nur andere Stellen unter seiner Qualifikation, die er ablehnte. Das Unternehmen legte keine Angebote nach. Also stand er ohne Aufgabe da, verurteilt zum Däumchendrehen. Aus der Chefetage wurde ihm zugetragen, für den Vorstand sei er »tot«.

Wie ein Leichnam wurde er auch behandelt: Man zog ihm die Sekretärin ab, strich ihn aus dem Mail-Verteiler, lud ihn zu keinem Meeting mehr ein. Seine Datenbankzugänge wurden gesperrt, und schließlich verschwand er aus dem Organigramm. Zwei Jahre (!) blieb er ohne Aufgabe. Seine Gesundheit rebellierte: Er bekam Angstzustände, Schlafstörungen und musste sich an der Galle operieren lassen. Als man ihm nach all der Wartezeit nur eine minderwertige Stelle anbot, brach er endgültig zusammen. Er musste zum Psychiater, wurde dauerhaft krank.

Vor dem Arbeitsgericht vertrat er den Standpunkt, seine Vorgesetzten hätte ihm eine angemessene Arbeit verweigert, sein Ansehen und seine Gesundheit ruiniert. Die Chefs meinten, man müsse sich nichts vorwerfen, man habe ihm schließlich diverse Projektfunktionen offeriert, und der Vorstand habe nichts Festes versprochen. Zwei Instanzen stellten sich hinter den Gemobbten: Die Stellenangebote seien unzumutbar gewesen, sein Beschäftigungsanspruch nicht erfüllt worden. Das Unternehmen wurde zu fünfundzwanzigtausend Euro Schmerzensgeld verdonnert – und dazu, den Mitarbeiter wieder seiner Qualifikation gemäß zu beschäftigen (Arbeitsgericht Stuttgart, 2 Ca 8178/04; Landesarbeitsgericht Baden-Württemberg, 4 Sa 68/05).

Personalchef gegen leitenden Kaufmann: Übel mitgespielt wurde dem kaufmännischen Leiter (53) einer mittelständischen Firma. Er geriet gleich zweimal unter die Räder. Erst besuchte er ein Außenlager seiner Firma, dort verdrosch ihn ein Arbeiter. Er wurde für zwei Wochen krankgeschrieben (und bekam später auch ein Schmerzensgeld). Einer der ersten Anrufer

nach dem Angriff war der Personalchef der Firma. Wollte er gute Besserung wünschen, sich für das Verhalten des Schlägers entschuldigen? Weit gefehlt! Er schimpfte in allen Varianten der Gossensprache: Der Kaufmann sei »Schauspieler«, »Simulant«, »Hure«, »Drecksack«, »Arsch« und schließlich – zur Steigerung – auch noch: ein »Weib«. Er »kriege so auf den Sack«, wenn er die Krankmeldung nicht zurückziehe. Zur Sicherheit schleuderte der Personalchef die mündliche Kündigung gleich hinterher. Seine verbale Schmutzspur hinterließ er freundlicherweise auf dem Anrufbeantworter.
Vor Gericht sah man sich wieder. Der explosive Personalchef führte ins Feld, die Kündigung sei »wegen des Verdachts der unberechtigten Krankschreibung« angemessen gewesen. Den Schaden des kaufmännischen Leiters durch die Entlassung und die folgende Arbeitslosigkeit: Die Firma wollte ihn nicht begleichen. Die Richter halfen nach: Der Personalchef »musste, als er den Kläger mehrfach in außergewöhnlich vulgärer Weise beschimpfte und dabei sämtliche Regeln eines zivilisierten Umgangs miteinander außer Acht ließ, damit rechnen, dass der Kläger das Arbeitsverhältnis nicht fortsetzt und in der Folge auch über längere Zeit arbeitslos bleiben würde«. Deshalb bekam der Kaufmann in zweiter Instanz Abfindung und Verdienstausfall zugesprochen (Hessisches Landesarbeitsgericht, 7 Sa 520/05; Arbeitsgericht Darmstadt, 9 Ca 340/04).

Wie kommt es, dass die Chefs sich wie die Axt im Wald aufführen können, untereinander, aber vor allem gegenüber ihren Mitarbeitern? Die Bond-University in Australien wollte diesem Phänomen auf den Grund gehen und fragte zweihundertvierzig Angestellte sinngemäß: »Mit welchen Konsequenzen muss Ihr Chef rechnen, wenn er sich tyrannisch aufführt?« Zwei Drittel der Teilnehmer gaben an: Die Führungs-Rambos werden von oben nicht geächtet, sie werden geachtet – und oft weiter befördert.

Ein Chef mit strenger Hand, der seine Mitarbeiter im Griff, womöglich sogar im Würgegriff hat: Viele Oberbosse züchten diesen Cheftyp wie einen Haifisch heran, lassen ihn auf die Mitarbeiter los und sind offenbar nicht traurig, wenn gelegentlich ein Mobbingopfer zerfetzt wird – dann wissen die anderen, was ihnen bei Quertreiberei droht!

Merke: Ein kleiner Chef, der mobbt, braucht große Chefs, die ihn mobben lassen. Die Firmenkultur ist oft das eigentliche Problem; der Haifisch stinkt vom Kopf her!

11. Wie man Bomben und Chefs entschärft

Wer vor einem Chef steht, steht vor einer Herausforderung. Als Mitarbeiter können Sie Ihren Vorgesetzten beeinflussen. Seien Sie kein hilfloser Beifahrer, sondern greifen Sie gezielt ins Steuer. Hier erfahren Sie unter anderem …

- welche Vorteile es hat, wenn Sie Ihre Kritik in Wünsche umwandeln;
- welchen Trick der Chefsekretärinnen Sie sich abschauen sollten;
- wie Sie Ihren Chef im Vorstellungsgespräch so klug auswählen, dass Sie sich später nicht mit ihm quälen müssen.

Explosion verhindern

Mag sein, Sie haben dieses Buch bislang mit Genugtuung, womöglich mit Schadenfreude gelesen: Endlich hallte aus dem Wald, in den die Chefs täglich hineinbrüllen, ein fulminantes Echo zurück. Da donnerte Wut, da stöhnte Verzweiflung, da wisperten Spott und Hohn. All das musste endlich gesagt werden!
Aber was hilft Ihnen das im Alltag? Emotionale Erleichterung ist das eine, Besserung das andere. Ihnen, so nehme ich an, geht es um Besserung. Mehr Freude an der Arbeit, weniger Frust über den Chef – wie kriegen Sie das hin? Es gibt zwei Möglichkeiten:

1. Warten Sie ab! Eines fernen Tages, kurz vor oder nach der nächsten Eiszeit, wird Ihr Chef sich bessern. Garantiert!
2. Tun Sie etwas! Verändern Sie Ihr Denken, Ihr Handeln und damit – sehr wahrscheinlich – auch Ihren Chef.

Der zweite Ansatz ist unbequem? Kann sein. Aber ist es nicht besser, eine Sache in die Hand zu nehmen, als von einer Sache in die Hand genommen und immer wieder in tiefe Enttäuschung geschleudert zu werden? Falls es Ihnen unmöglich scheint, Ihren Chef zu verändern, sollten Sie an eine Weisheit von Hermann Hesse denken: »Man muss das Unmögliche versuchen, um das Mögliche zu erreichen.«

Sogar wenn Ihr Chef die reinste Zeitbombe ist: Mit etwas Glück können Sie ihn entschärfen. Zumindest können Sie sich vor der Explosion in Sicherheit bringen. Sieben Denkanstöße sollen Ihnen helfen.

1. Opfer sein? Aber nein!

Früher wurden Ehen in Deutschland nach dem Schuldprinzip geschieden: Einer war der Gute, einer der Böse – und basta! Mittlerweile hat der Gesetzgeber erkannt: Zum Scheitern einer Beziehung gehören immer zwei. Jeder hat seinen Anteil, jeder ist verantwortlich. Für die Arbeitsbeziehung mit dem Chef gilt dasselbe.

Die systemische Psychologie sieht Menschen wie chemische Substanzen: Tut man zwei zusammen, kommt es zu einer Reaktion. Und die hängt immer von den Eigenschaften beider ab. Ihr Chef reagiert auf jeden einzelnen Mitarbeiter. Einige Kollegen, bei denen explodiert er sofort. Andere, mit denen »kann er« (und das sind nicht nur die Schleimer!).

Diese Chemie ist bei den Elementen starr vorgegeben. Sie

dagegen, als Mitarbeiter, entscheiden jeden Tag neu, wie Sie die Beziehung zu Ihrem Chef gestalten. Diese Erkenntnis kommt einer kopernikanischen Wende gleich: Der Chef ist kein Wirbelsturm, der schicksalhaft über Sie hereinbricht – Sie können *mitbestimme*n, woher und wie stark der Wind bläst.

Sie werden nicht nur schlecht geführt – Sie lassen sich auch schlecht führen! Sie werden nicht nur schlecht bezahlt – Sie lassen sich auch schlecht bezahlen! Es liegt an Ihnen, etwas zu verändern. Ein selbstkritischer Blick in den Spiegel hilft. Fragen Sie sich: »Wodurch trage ich zu der Beziehungskrise bei?«

Verdächtig ist zum Beispiel, wenn Sie schon mit mehreren Chefs das gleiche Problem hatten. Hier einige Fälle:

- Wer immer wieder auf ungeduldige Chefs stößt, sollte sich fragen: Arbeite ich schnell genug (oder vielleicht doch ein bisschen zu gründlich)?
- Wer immer wieder von Chefs an die Leine genommen wird: Weihe ich die Vorgesetzten in meine Pläne ein (oder neige ich zu Alleingängen?).
- Wer immer wieder angebrüllt wird: Wirke ich selbstbewusst genug (oder eher wie ein ängstliches Schaf, das die Wölfe aus dem Wald lockt)?
- Wer immer wieder zu Überstunden und Strafarbeiten verdonnert wird: Zeige ich, wo meine Grenzen sind (oder sage ich »ja«, wenn ich »nein« meine)?

Trainieren Sie ein neues, ein klügeres Verhalten. Wenn Sie Ihrem Chef noch nie einen Wunsch abgeschlagen haben – nehmen Sie sich vor, bei der nächsten Zumutung »nein« zu sagen. Ich garantiere Ihnen: Ihr Chef ist lernfähig, mit der Zeit wird er seinen Arbeitsschutt nicht mehr über Ihnen auskippen – sondern über einem Kollegen, der diese Lektion noch vor sich hat.

Und wenn Sie gar nicht wissen, was Sie an sich verändern sollen? Dann studieren Sie das Verhalten jener Kollegen, die mit dem Chef können. Was machen sie anders? Was davon wünschen Sie, auch zu können? Was Sie *wirklich* wollen, bekommen Sie hin; Goethe schrieb: »Wünsche sind die Vorboten der Fähigkeiten, die in uns liegen.«

Die neue chemische Reaktion mit Ihrem Chef muss noch keine Wohlgerüche erzeugen; aber zumindest wird es keine Explosion mehr sein!

2. Wünsche wirken Wunder

»Neulich hat er doch wieder …!« Augen werden gerollt, Köpfe geschüttelt. Lästern über den Chef ist ein Volkssport – allerdings kein kluger! Das ist, als würde man Spaghetti essen und sich pausenlos zuflüstern: »Sind die aber salzig!« Wer seine Wahrnehmung aufs Negative konzentriert, bewertet es über, entdeckt immer mehr davon. Da vergeht einem der Appetit.

Dass Herr Birngroß als »Herr Hirnlos« gilt, dass er »wie der erste Mensch kommuniziert«, »nur Schrott entscheidet« und »vom Tuten und Blasen keine Ahnung« hat: Was bewirken diese Lästereien? Gar nichts. Außer dass die Luft vom Dampfablassen bald so dick ist wie in der Waschküche.

Warum nutzen Sie die Lästerenergie nicht anders: als Schlüssel zur Problemlösung? Folgende Übung kann Wunder wirken: Nehmen Sie einen Zettel, teilen Sie das Blatt mit einem Strich in der Mitte und schreiben Sie über die linke Spalte:

»Was mich an meinem Chef aufregt!« Nun ziehen Sie nach Herzenslust vom Leder, Punkt für Punkt. Wahrscheinlich brauchen Sie drei bis vier Schreibblöcke ...

Dann schreiben Sie über die rechte Spalte: »Stattdessen wünsche ich mir ..., *denn dann* ...« Nach diesem Muster gehen Sie Ihre Vorwürfe durch. Wenn links steht, Ihr Chef kommuniziere »wie der erste Mensch«, schreiben Sie rechts etwa: »Stattdessen wünsche ich mir, dass er seine Aufträge klar formuliert, *denn dann* kann ich Fehler vermeiden und Arbeitszeit sparen.« Wenn links steht, er entscheide »Schrott«, dann wünschen Sie vielleicht, »dass er sich vor Entscheidungen die Meinung der Basis anhört, *denn dann* kennt er die Wünsche der Kunden und entscheidet praxisnäher«.

Achten Sie darauf, dass sich in die rechte Spalte keine negativen Formulierungen mogeln. Belassen Sie es bei der positiven Zielrichtung. Bald werden Sie spüren: So unverrückbar, wie Sie dachten, liegt die Marmorplatte über Ihrem Arbeitsplatz ja gar nicht. Vielleicht lässt sich der Chef doch ein wenig beeinflussen ...

Experimente beweisen: Ob ein Mensch unter einer Situation leidet, hängt weniger von der Situation an sich ab – als davon, ob er sich ihr ausgeliefert fühlt oder daran glaubt, sie verändern zu können. Glauben Sie an die Veränderung! Nun haben Sie auch keine pauschalen Vorwürfe mehr im Gepäck – sondern konkrete Vorschläge. Und die können Sie offen aussprechen und den Chef von den Vorteilen überzeugen, die sich durch die Wenn-dann-Sätze aufzeigen lassen. War ihm bisher überhaupt klar, dass er Arbeitsfehler durch klarere Aufträge vermeiden kann? Wahrscheinlich nicht!

Wer so auf seinen Chef zugeht, macht deutlich, wie viel ihm an der Qualität seiner Arbeit und am Arbeitsklima liegt. Er zeigt sich bereit, mit seinem Chef in eine Richtung zu rudern. Das erhöht die Chance, dass der Chef sich ähnlich verhält – auch wenn er sonst immer Gegenkurs hält ...

3. Ihr Chef ist Egoist – helfen Sie ihm!

Als »rechte Hand« bezeichnet mancher Chef seine Sekretärin. Eine rechte Hand ergänzt die linke, packt alles an, was sonst nur schwer zu schaffen wäre. Der chaotische Chef dankt dem Himmel für eine Sekretärin, deren Terminplanung so zuverlässig wie eine Funkuhr ist. Der Legastheniker erfreut sich an einem wandelnden Duden, und der Software-Bruchpilot schätzt seine IT-Fee im Vorzimmer.
Eine solche Sekretärin wird oft erstaunlich gut bezahlt – und manchmal erstaunlich gut behandelt. Es soll vorkommen, dass sie Pralinen auf ihrem Schreibtisch vorfindet, während der Chef bei anderen nur Arbeit, Frust und gerne beides zusammen ablädt. Seine Sekretärin sieht er als ideale Ergänzung – und nicht als Gegenspielerin.
Ob die Sekretärinnen ihren Chefs aus tiefstem Herzen dienen? Oder ob eher der Ausspruch des amerikanischen Schauspielers Danny Kaye zutrifft: »Wenn Frauen wüssten, was Sekretärinnen von ihren Chefs denken, hätten sie eine Sorge weniger.«? Fest steht: Vom Erfolgsrezept der Vorzimmerdamen können Sie sich eine Scheibe abschneiden. Motto: Ihr Chef ist Egoist – helfen Sie ihm! Welche seiner Schwächen können Sie mit Ihren Stärken ausgleichen? Von einer solchen Lösung profitieren beide: der Chef *und* Sie.
Nehmen Sie das Trainerduo bei der Fußball-WM 2006: Der Chef, Jürgen Klinsmann, war ein Motivationskünstler. Aber hatte er Praxis als Trainer und taktisches Feingefühl? Fehl-

anzeige. In diese Lücke ist sein Mitarbeiter Joachim Löw gestoßen. Er war als Trainer routiniert, galt als Taktikspezialist. So konnte er die Schwächen des Chefs perfekt ausgleichen – und wurde am Ende ähnlich wie der Trainer für die Bronzemedaille gefeiert und später zu dessen Nachfolger ernannt.

Gehen Sie die Schwächen Ihres Chefs durch: Wo können Sie ihn mit Ihrem Fachwissen, Ihren Talenten, Ihrer Erfahrung unterstützen? Wenn er Bilanzen nicht richtig versteht (und Sie Zahlenmensch sind): Servieren Sie ihm die Infos laiengerecht. Wenn er sich beim Schreiben seiner Reden den Bleistift abbricht (und Sie sind wortgewandt): Bieten Sie ihm Ihre Schreibkunst an. Wenn er ein Reisemuffel ist (und Sie, etwa als sein Stellvertreter, gerne auf Achse sind): Schlagen Sie vor, ihm Außentermine abzunehmen.

Wer die Schwächen seines Chefs kompensiert, wird wertvoller für ihn – und erfährt deshalb mehr Wertschätzung. Die Beziehung verbessert sich, die Arbeitsfreude steigt. Und wenn's schon keine Pralinen gibt, dann doch bald eine Gehaltserhöhung. Und die kann das Leben ja auch versüßen!

4. Sich Rückmeldungen angeln

Wenn ein Mitarbeiter nie gelobt wird, wenn er ohne Rückmeldung langsam verdorrt, kann er sich ärgern, bis er schwarz wird. Oder er geht auf seinen Chef zu – und holt sich genau das, was ihm fehlt. *Fishing for compliments* nennen das die Engländer.

Wenn Sie ein Lob fangen wollen, müssen Sie Ihre Angeln erst mal auswerfen. Der Köder kann eine Frage sein, etwa: »Wie zufrieden waren Sie mit meiner Arbeit am letzten Projekt?« Doch Vorsicht! Ein Angler weiß nie, welcher Fisch anbeißt.

Vielleicht wollen Sie ein Kompliment fangen und ziehen eine Rüge an Land. Aber alles ist besser als ein leeres Rückmeldungsnetz! Immerhin können Sie dann vergleichen: Wie werden Sie von Ihrem Chef gesehen (Fremdbild)? Wie sehen Sie sich selbst (Selbstbild)? Wo überschneiden sich beide Perspektiven, wo weichen sie ab?

Der Nutzen für Sie ist umso größer, je konkreter die Rückmeldung ist. Haken Sie nach, zum Beispiel:

Chef: »Ja, doch, Ihre Arbeit hat mir gefallen.«

Mitarbeiter: »Welchen Aspekt davon meinen Sie genau? Und was gefiel Ihnen daran?«

Oder:

Chef: »In meinen Augen war das Murks, Sie haben auch viel zu lange gebraucht.«

Mitarbeiter: »Was verstehen Sie unter ›Murks‹? Und wie lange hätte ich Ihrer Meinung nach dafür brauchen dürfen?«

Ihre Fragen zwingen den Chef, konkret statt schwammig zu formulieren. Sie bringen ihn dazu, sich mit Ihrer Arbeit im Detail auseinanderzusetzen. Es könnte ja sein, dass er bislang nur mit sich selbst, nicht aber mit den Feinheiten Ihrer Leistung beschäftigt war. Dann lernen Sie die Maßstäbe Ihres Chefs nicht nur kennen: Sie helfen ihm gleichzeitig, welche zu entwickeln.

Und weiß er eigentlich, wo es in der internen Organisation hakt? Waren Sie mit der Arbeit spät dran, weil eine andere Abteilung zu spät geliefert hat? Wer sich eine Rückmeldung holt, darf auch rückmelden. Keine plumpe Rechtfertigung, sondern ein konstruktiver Vorschlag, wie es künftig besser laufen könnte.

Bedanken Sie sich für jede Rückmeldung, auch wenn sie negativ ist. Ein Dienstleister überlebt nur, wenn er weiß, was sein

Kunde will. Als Mitarbeiter sind Sie Dienstleister – und der Kunde ist Ihr Chef. Vielleicht ist das der Grund, warum er sich manchmal wie ein König aufführt ...

5. Zuhören statt abwinken

Verzweifelte Schüler brüten über einem Text, der ihnen sinnlos wie das Pfeifen des Windes scheint. Im Raum steht die Frage des Lehrers: »Was will uns der Dichter damit sagen?« Den Sinn im (scheinbar) Sinnlosen suchen – diese Übung geht im Beruf weiter. Die Rolle des Dichters bekleidet dann der Chef. Auch er macht große Worte, auch er wird nicht verstanden, auch er hält sich für ein (verkanntes) Genie.

Wer den Chef nicht versteht, hat schlechte Karten. Er führt Anweisungen aus, die der Vorgesetzte zwar so gegeben, aber ganz anders gemeint hat. Was als Zusage erscheint, war eine diplomatische Absage. Was wie Lob klingt, sollte sarkastische Kritik sein. Wer den Chef nicht versteht, versteht sich auch nicht *mit ihm*.

Das Patentrezept gegen Missverständnisse ist verblüffend schlicht: Der »Dichter« lebt ja noch, Sie können ihn fragen, was er mit seinen Worten meint. Denken Sie nie, dass Sie ihn einfach so verstehen können! Nur das Nachfragen, das aktive Zuhören, jagt die Missverständnisse vom Hof.

Nehmen wir an, Ihr Chef sagt zu Ihnen: »Wunderbar, wie Sie sich auf dem Flur mit den Kollegen austauschen! Bei uns geht keine Information verloren.« Was will uns der Dichter damit sagen? Durch aktives Zuhören bekommen Sie es heraus. Es gibt vier Schwierigkeitsgerade (und da Chefs bekanntlich schwierig sind, funktioniert der höchste Grad am besten).

Grad 1: Inhalt fast wörtlich wiederholen: »Sie finden es wun-

derbar, wie ich mich auf dem Flur mit den Kollegen austausche, weil so keine Information verlorengeht?«
Diese Wiederholung signalisiert Ihrem Chef: Sie haben zugehört. Und Sie haben ihn – rein akustisch – verstanden. Oder wird er Sie darauf aufmerksam machen, er habe »sonderbar«, nicht »wunderbar« gesagt?
Grad 2: Den Inhalt in eigenen Worten wiederholen: »Es gefällt Ihnen, dass ich mit den Kollegen spreche, denn so sind wir alle auf dem neusten Stand?«
Ihre eigenen Worte sind ein Spiegel, den Sie dem Chef anbieten: Erkennt er seinen Inhalt darin wieder? Oder grinst ihn ein Missverständnis an? Dann wird er es schnell korrigieren, das erspart Ihnen Irrungen und Wirrungen.
Grad 3: Das Gefühl hinter der Äußerung interpretieren (jetzt wird's schwierig!): »Sie freuen sich über das gute Arbeitsklima?« Vielleicht wird Ihr Chef wütend aufstampfen und Ihnen den Marsch blasen. Also hätten Sie fragen müssen: »Sie ärgern sich, weil wir während der Arbeitszeit auf dem Flur tratschen?«
Das Gefühl färbt den Inhalt, dieselben Worte müssen nicht dasselbe meinen. Darum ist es so wichtig, dass Sie aus dem Ton die Emotion herauslesen.
Grad 4: Geben Sie beides zusammen wieder, den Inhalt und das Gefühl: »Sie ärgern sich, weil wir auf dem Flur miteinander reden, und Sie fürchten, dass vertrauliche Informationen in die falschen Kanäle gelangen?«
Welch ein Unterschied, ob Sie ein Lob hören – oder eine sarkastische Kritik! Wenn es Ihnen gelingt, das Gefühl *und* den Inhalt zu treffen, haben Sie bei Ihrem Chef einen Stein im Brett: Er, das verkannte Genie, fühlt sich endlich verstanden! Wenn nicht, wird er den Irrtum aufklären. Auch gut, dann

bleiben Ihnen zumindest ein Lauf in die falsche Richtung und eine spätere Rüge erspart.

Ob Ihr Chef Ihnen Aufträge erteilt, Informationen weitergibt, Karriereschritte oder Gehaltserhöhungen zu- oder absagt: In jedem Fall sollten Sie das aktive Zuhören als Spiegel verwenden. Dann reden Sie nicht länger aneinander vorbei. Und verstehen sich besser.

6. Kein Spiel ohne Grenzen

Lassen Sie sich von Ihrem Chef nichts *gefallen*, was Ihnen absolut nicht *gefällt*. Sie haben das Recht, ihm Grenzen zu setzen! Bei jedem Kontakt lotet ein Vorgesetzter diese Grenzen aus: Was kann er Ihnen zumuten, ohne dass Sie rebellieren? Nehmen Sie es hin, wenn er Sie anbrüllt, zu Sonntagsarbeit verdonnert, Ihnen miserabel zuhört, Ihre Ideen klaut? Kann er seine Launen an Ihnen auslassen, seine Strafarbeiten bei Ihnen abladen, grußlos durch Sie hindurchschauen?

Das Fatale: Jedes Mal, wenn Sie nicht protestieren, wertet der Chef dieses Schweigen als Zustimmung. Eine Grenze, die nur im Kopf existiert, ist eine »grüne Grenze«: Man sieht sie nicht, da ist kein Zaun, kein Zoll, kein Hindernis – der Chef stapft einfach darüber hinweg.

Kluge Mitarbeiter markieren Ihre Grenzen unübersehbar. Und sie machen Rabatz wie Zöllner, wenn der Chef zu weit geht.

Beispiel: Eine Mitarbeiterin wird von ihrem Chef angebrüllt, dass die Wände wackeln. Einen sachlichen Grund dafür gibt es offenbar nicht. Nimmt sie dieses Verhalten hin, wird der Chef wahrscheinlich bald wieder einfach so losbrüllen, dann noch lauter.

Ein solcher Teufelskreis lässt sich verhindern, wenn die Mitarbeiterin sich abgrenzt. Das geht wieder in fünf Schritten (bei einem Wutanfall aber erst nachträglich, wenn der Chef sich beruhigt hat):

1. Beschreiben Sie wertfrei, was passiert ist: »Sie betraten mein Büro und riefen extrem laut, noch bevor ich Sie bemerkt hatte: ›Würden Sie gefälligst vom Computer aufschauen, wenn ich vor Ihnen stehe!‹«
2. Sagen Sie, welches Empfinden das Verhalten bei Ihnen ausgelöst hat: »Ich fühlte mich völlig überrumpelt. Ihr Ton hat mich wütend und ohnmächtig gemacht. Einen Zusammenhang mit meiner Arbeit konnte ich nicht erkennen.«
3. Legen Sie dar, wie Sie das Verhalten interpretieren: »Ich habe Ihre Lautstärke als Zeichen der Geringschätzung erlebt, als Angriff auf meine Würde.«
4. Geben Sie Ihrem Chef die Gelegenheit, Stellung zu nehmen: »Inwiefern können Sie verstehen, wie es mir mit der Situation gegangen ist?«
5. Beschreiben Sie, welche Konsequenzen Sie künftig ziehen werden – und probieren Sie, Ihren Chef in die Regelung einzubeziehen: »Wenn es noch mal zu einer solchen Situation kommt, werde ich aufstehen, mein Büro verlassen und erst dann wieder für ein Gespräch zur Verfügung stehen, wenn das in zivilisiertem Ton möglich ist. Können wir uns darauf einigen?«

Es ist erstaunlich, wie viele Chefs eine solche Grenze respektieren. Man muss sie nur richtig ziehen: hart in der Sache, freundlich im Ton.
Und wenn Ihr Chef zu den Unbelehrbaren gehört? Wenn er einfach jede Grenze platt tritt? Seien Sie kein Märtyrer –

trennen Sie sich! Wechseln Sie die Abteilung, die Firma, den Vorgesetzten. »Neuer Chef, neues Glück«: Dass diese Formel aufgeht, dazu können Sie selbst beitragen (wie, das steht im nächsten Denkanstoß).

7. Chef-Wahl statt Chef-Qual

Mancher Bewerber fiebert im Vorstellungsgespräch dem Jawort des künftigen Chefs so sehr entgegen, dass er eine Kleinigkeit vergisst: Nicht nur der Chef muss sich für ihn entscheiden – sondern er auch für den Chef! Diese Entscheidung kann die nächsten Jahre, ja ein ganzes Leben prägen. Für Fehler, die Sie jetzt begehen, könnten Sie in der Zukunft teuer bezahlen.
Nutzen Sie das Vorstellungsgespräch, um sich ein Bild von Ihrem künftigen Chef zu machen. Stimmt die Chemie zwischen Ihnen? Wie fühlen Sie sich in seiner Gegenwart? Welche Schwächen blitzten im Gespräch auf? Neigt er zu Monologen, hört er schlecht zu, ist er misstrauisch? Unter jeder winzigen Spitze, die jetzt die Oberfläche durchbricht, liegt im Alltag ein Eisberg. Ganz sicher!
Nutzen Sie die Gelegenheit, im Vorstellungsgespräch selbst Fragen zu stellen. Dabei kann Ihnen eine Technik der Chefs nützlich sein: die Vertiefungsfrage. Sie zersticht die Seifenblasen des Abstrakten, macht konkretes Verhalten sichtbar. Fragen Sie zum Beispiel: »Nach welchen Grundsätzen führen Sie Ihre Mitarbeiter.« Wenn »modern und demokratisch« als Antwort kommt, haken Sie nach: »Können Sie mal ein Beispiel geben, wie das im Alltag aussieht?« Wer es schon für »demokratisch« hält, dass die Mitarbeiter den Speiseplan in der Kantine selbst bestimmen, sagt viel über sich aus.

Sammeln Sie Hinweise, wie die Zusammenarbeit mit dem Chef aussehen würde. Fragen Sie etwa: »Können Sie beschreiben, wie Sie sich meine Einarbeitung vorstellen? Was werde ich in den ersten Wochen tun? Welche Unterstützung bekomme ich dabei?« Die Antworten lassen ahnen: Braucht er Sie als Feuerwehrmann, um akute Arbeitsbrände zu löschen? Oder denkt er längerfristig, führt er Sie mit System an Ihre Aufgabe heran? Und werten Sie die angebotene Unterstützung als hilfreich? Jedes Wort macht Sie schlauer.

Achten Sie auf Kleinigkeiten am Rande des Vorstellungsgespräches: Wie behandelt der Chef seine Mitarbeiter? Wer den Bewerber hofiert, im Vorübergehen aber einen Azubi abkanzelt, spielt Maskenball. Überhaupt: Wenn viele Mitarbeiter ihre Köpfe hängen lassen, die Klimaanlage freundlicher klingt als die Stimmen und die Hektik auf dem Flur verdächtig an eine Feuerwache erinnert: Dann ist was faul. Wahrscheinlich mit dem Chef! Gibt es eine Möglichkeit, wie Sie sich über ihn informieren können? Kennen Sie jemanden in der Firma, der für Sie die Ohren spitzen kann? Gerade in Konzernen, wenn man beispielsweise die Abteilung wechselt, funktioniert dieser »Mundfunk« ausgezeichnet.

Unterschreiben Sie Ihren Arbeitsvertrag nur, wenn Ihr Gefühl Ihnen zurät. Denn Sie entscheiden sich nicht nur für einen Arbeitgeber, Sie entscheiden sich gleichzeitig für einen Chef. Oder gegen ihn. Auch das ist Ihr gutes Recht!

12. Offener Brief an Chefs

Genug der Chefschelte! Die Frage am Ende lautet: Was kann ein Vorgesetzter tun, damit ihn seine Mitarbeiter respektieren und unterstützen? Fairer führen heißt: erfolgreicher führen! Dieser offene Brief verrät Vorgesetzten (und Mitarbeitern, die Mäuschen spielen wollen) unter anderem ...

- warum ein Chef seinen Mitarbeitern den Rücken stärken, sich aber den Kontrollblick über ihre Schulter schenken sollte;
- wie eine Führungskraft selbst an Freiheit gewinnt, wenn sie ihre Mitarbeiter von der Kette lässt;
- warum ein Chef, der für seine Mitarbeiter durchs Feuer geht, von ihnen dasselbe erwarten darf.

Lieber Chef,

wünschen Sie den geknechteten Mitarbeitern dieses Planeten nur das Allerbeste – also einen Chef wie sich? Dann ist es sehr unwahrscheinlich, dass Sie der gerechteste Chef dieser Erde sind – und sehr wahrscheinlich, dass Sie der selbstgerechteste Chef sind ... Spaß beiseite: Ich ziehe meinen Hut vor Ihnen, weil Sie dieses Buch gekauft und gelesen haben. Offenbar können Sie das Wort »Selbstkritik« buchstabieren und wissen: Kaum ein Chef macht alles richtig. Aber wem fallen alle eigenen Fehler auf? Welcher Fachvorgesetzte schafft es im reißenden Strom des Tagesgeschäftes, die feinen Zuckungen seiner

Mitarbeiter zu registrieren? Und welcher gehobene Manager bekommt von seinen Mitarbeitern gesagt, worauf es ankommt, statt nur, was bei ihm gut ankommt (also vorsichtshalber keine Kritik!)?

Das Führen von Mitarbeitern gleicht einem Ritt durch schwieriges Gelände: Nicht jeder Flurschaden, den man hinterlässt, fällt sofort auf. Aber wie wollen Sie aus Fehlern lernen, ohne sie zu kennen? Diese Lektüre hat Ihren Blick geschärft. Über zweihundert Seiten lang haben Sie durch die Brille der Mitarbeiter geschaut und Flurschäden der Führung besichtigt: zertrampelte Motivation, umgestoßene Hoffnungen, abgeprallte Ideen. Und weil Sie jetzt wissen, wer beim Galopp unter die Hufe kommt, können Sie Ihren Ritt korrigieren.

Schlechte Führung hat viele Wurzeln, aber die meisten stecken im selben Boden: im Faulschlamm des Misstrauens und der Geringschätzung. Wer vertraut, führt besser. Pressen Sie Ihre Mitarbeiter nicht in ein enges Korsett aus Zielmarken, Arbeitsanweisungen und Richtlinien. Solche Vorgaben schnüren die Arbeitsfreude ab, fesseln die Kreativität und wirken sich auf die Flexibilität wie eine Ritterrüstung aus. Starre Präsenzpflicht führt zu starrer Präsenz. Aus Angst, das Falsche zu tun, unterlassen die Mitarbeiter das Richtige; sie wollen nichts riskieren.

Der globale Wettbewerb nimmt immer mehr Fahrt auf. Dieses hohe Tempo können Sie nur mithalten, wenn Sie mehr Entscheidungen zur Mitarbeiter- und weniger zur Chefsache machen. Moderne Führung bedeutet: Nicht Sie legen täglich Ihre Elle an die Arbeit der Mitarbeiter – sondern die Mitarbeiter gleichen täglich die Marschrichtung der Führungsetage mit der Realität des Marktes ab. Könnte es ein schnelleres, ein effektiveres Korrektiv für Sie geben? Schon mancher Manager, der über Fehlentscheidungen gestolpert ist, hätte weniger auf den Unternehmensberater und mehr auf seine eigenen Mitarbeiter hören sollen.

Wenn Sie Ihren Mitarbeitern mehr Freiheit schenken, werden Sie selbst freier. Schon Hegel kam in seiner Dialektik über Herr und Knecht zu der Erkenntnis: Wer sich einen Knecht hält, hängt selbst am anderen Ende der Kette. Denken Sie an den monströsen Kontrollapparat vieler Firmen: Bis die Spesen geprüft, die Zeiten erfasst, die hierarchischen Fehlersuchscheinwerfer montiert und alle Antragsinstanzen auf dem Schriftweg durchkrochen sind – bis dahin verbrennen Unmengen an Geld, an Arbeitszeit und an Mitarbeitermotivation. Der Kunde hat nichts davon, im Gegenteil: Die Kontrolleure pulen nur den Bauchnabel der eigenen Firma wund. Der deutsche Marketingforscher Malte W. Wilkes sagt: »Das eigentliche Problem eines Unternehmens stellt selten der Markt, sondern der Unternehmer dar.«

Längst begrenzt Misstrauen keine Risiken mehr – längst wird es selbst zum Risiko! Kann ein Lehrer Hausaufgaben kontrollieren, ohne dass er die Lösungen kennt? Natürlich nicht. Kann ein Chef seine Mitarbeiter kontrollieren, wenn die mehr von ihrem Fachgebiet verstehen als er? Wer das glaubt, richtet Schaden an. Nur das Band des Vertrauens kann Sie und Ihre Mitarbeiter zusammenhalten, erst recht, wenn Ihr Team im virtuellen Raum arbeitet, womöglich über mehrere Erdteile verstreut. Die Arbeitswelt der Zukunft lässt für Misstrauen keinen Raum.

Mehr als Ihr Führungsstil, mehr als Ihre Führungstechniken zählt Ihre Grundeinstellung dahinter. Wenn Sie Ihre Mitarbeiter für kompetent und fähig halten und sie so behandeln, werden Ihre Mitarbeiter alles tun, Sie zu bestätigen. Nehmen

Sie jeden in die Verantwortung, lassen Sie ihn seine Arbeit frei gestalten, glauben Sie an seinen Qualitätsanspruch. Geben Sie keine Maßstäbe, keine Ziele vor, sondern diskutieren Sie darüber. Bekennen Sie, dass Sie auf die Unterstützung Ihrer Mitarbeiter angewiesen sind.

Was Sie sagen, ist wichtig – *wie* Sie es sagen, kann noch wichtiger sein. Der französische Moralist Joseph Joubert schrieb: »Höflichkeit ist die Blüte der Menschlichkeit. Wer nicht höflich genug, ist auch nicht menschlich genug.« Bitten Sie Ihre Mitarbeiter, statt Befehle zu bellen.

Was halten Sie davon, Ihre Leute mehr einzubeziehen? Stellen Sie Ihre Ideen, Ihre Marschrichtung und Ihren Führungsstil zur Diskussion. Holen Sie sich eine Legitimation, so wie ein Klassensprecher. Vertreten Sie nicht nur die Interessen Ihres Chefs nach unten, sondern auch die Interessen Ihrer Mitarbeiter nach oben. Wer für seine Mitarbeiter durchs Feuer geht, für den gehen auch die Mitarbeiter durchs Feuer.

Scheinen Ihnen Mitarbeiter schwierig oder tauchen Probleme auf, fragen Sie sich zuerst: »Was ist mein Anteil?« Wenn die Mitarbeiter »träge« sind – kann es sein, dass Sie die Dinge gern »selbst in die Hand« nehmen? Wenn sie wie »Quertreiber« wirken – kann es sein, dass Sie jede abweichende Meinung als Palastrevolte sehen? Wenn die Mitarbeiter nicht auf dem neusten Stand sind – wie viel Zeit und Geld stellen Sie eigentlich für Fortbildung zur Verfügung? Drehen Sie an der Stellschraube Ihrer Führung, und Sie verändern damit die Geführten.

Was Mitarbeiter auf Dauer motiviert, ist die Arbeit an sich. Wer das, was er tut, mit ganzem Herzen tut, wer einen Sinn sieht, ein attraktives Ziel, der braucht keine Anfeuerungsrufe von der Cheftribüne – Ihre stetige Rückmeldung und Wertschätzung reicht. Wer gebraucht wird, arbeitet gerne.

Geben Sie Ihren Mitarbeitern die Chance, ihre Ideen und Talente in die Arbeit einzubringen. Wer als Linksaußen nicht erstklassig ist, wäre vielleicht ein genialer Libero (denken Sie an Beckenbauer!). Suchen Sie nicht Menschen für Stellen – sondern formen Sie Stellen für Menschen.

Und schließlich: Leben Sie vor, was Sie von Ihren Mitarbeitern wünschen. Wenn Sie Ehrlichkeit fordern: Seien Sie ehrlich. Wenn Sie Kundenfreundlichkeit predigen: Seien Sie kundenfreundlich. Wenn Sie selbst eine faire Bezahlung erwarten: Bezahlen Sie fair. Und wenn Sie Vertrauen von Ihren Mitarbeitern wünschen: Schenken Sie ihnen Vertrauen.

Müssen Sie also den Musterknaben der neuen Vorgesetztenschule geben, den perfekten Chef, wie er im Buche steht? Ach was, jeder hat das Recht auf kleine Schwächen. Wenn Sie ein Chef sind (oder werden), wie er *nicht* in *diesem* Buche steht, ist schon viel gewonnen – für Ihre Mitarbeiter und für Sie!